HEYNE BÜCHER

ESOTERISCHES WISSEN

Von Dane Rudhyar sind erschienen in der Reihe
HEYNE ESOTERISCHES WISSEN:

Die zwölf kosmischen Gaben · Band (08/9561)
Die zwölf kosmischen Prüfungen · Band (08/9570)
Die zehn kosmischen Chancen · Band (08/9587)
Astrologie der Persönlichkeit · Band (08/9603)

DANE RUDHYAR

DIE ASTROLOGISCHEN ZEICHEN

Der Rhythmus des Zodiak

WILHELM HEYNE VERLAG
MÜNCHEN

HEYNE ESOTERISCHES WISSEN
Herausgegeben von Michael Görden
08/9625

Aus dem Amerikanischen übertragen
von Hildegard Ostarhild

Genehmigte Taschenbuchausgabe
im Wilhelm Heyne Verlag GmbH & Co. KG, München
Printed in Germany 1993
Umschlaggestaltung und Illustration: Atelier Adolf Bachmann, Reischach
Druck und Bindung: Presse-Druck, Augsburg

ISBN 3-453-06571-9

Inhalt

Erstes Kapitel

Der Tierkreis als dynamischer Prozeß

Diese unsere Tage bringen uns die völlige Auflösung unserer Welt, aller gegebenen Wesenheiten, ja selbst der rein aus Materie bestehenden Gegenstände, eine Auflösung in ein einziges dynamisches Fließen, das uns von unseren wissenschaftlichen Erkenntnissen vor die Sinne gezaubert wird. Angefangen beim simplen Stuhl, auf dem wir bisher saßen ohne uns die in seiner Masse spielenden elektromagnetischen Wellen zu vergegenwärtigen, bis hin zu den Bereichen der menschlichen Personalität, zu jenen Bereichen, die inzwischen als Antriebe und Komplexe genauestens analysiert wurden – wo der menschliche Geist auch forscht nach der Wirklichkeit des Heute: er begegnet dem neuen Akzent, der die rhythmischen Aktivitäten, die Wellenbewegungen, das elektromagnetische Gegeneinander polarer Energien hervorhebt. Unsere Vorfahren durften noch in einem angenehm statischen Universum hausen, in dem jedes Ding einen wohldefinierten und der Ratio Genüge bietenden Namen, eine Form und eine Anzahl bleibender Eigenschaften besaß – heute beherrscht fließende Veränderung das Feld. Kein Moment ist so kurz, als daß er nicht in weitere Phasen oder Ereignisse zerlegbar wäre, kein Gegenstand so winzig, als daß er einer weiteren Zerlegung und Auflösung in mysteriöse Irgendwasse entgehen könnte – Irgendwasse, die meistens aus mit sonderlichen Fangemich-Spielen beschäftigten elektrischen Ladungen bestehen.

Die gegen alle klassischen Konzepte von Dauer und Identität angetretene Erkenntnis, daß alles Leben aus dynamischen Umformungsvorgängen besteht, denen sich keine Einheit entziehen kann, findet sich jetzt durch ganze Bauwerke wissenschaftlicher Forschung und Theorien untermauert. Und über den Trümmern der von den Geistern des neunzehnten Jahrhunderts gepriesenen Gedankenwelt erheben sich wieder ganz alte Ideen. Wir sind Zeuge des Geschehens, wie sich diese ganz alten Ideen, die einmal jahrtausendelang die Grundlagen des menschlichen Wissens gebildet haben, wieder durchsetzen. Das Universum wird wieder als ein Energien-Meer betrachtet, bei dem wir zwei gewaltige, sich ergänzende Gezeiten unterscheiden können. Überall erscheint ein dynamischer, elektrischer Dualismus als die Grundlage, auf der alle Wirklichkeit fußt.

In der Tat sind wir dem alten Konzept von Ebbe und Flut, von den Gezeiten des universalen Lebens, vom Ein- und Ausatmen des universalen Brahma wieder sehr nahe gekommen. Praktisch befinden wir uns auf dem gleichen Grund und Boden wie die Weisen von China, die in ihrem großen Buch der Wandlungen, dem *I Ging,* das zyklische Wachsen und Schwinden zweier universaler Polaritäten, *Yang* und *Yin*, beschreiben. Ebenso ist das moderne Denken erstaunlich nahe herangekommen an einige sehr wichtige Grundkonzepte der alten Astrologie, wenigstens für den, der diese Konzepte nicht im Licht der klassischen europäischen Denkweise, sondern als Philosophie betrachtet, als Philosophie der dynamischen Wandlungen und der menschlichen Erfahrungen. Und es muß schon eine Philosophie der dynamischen Wandlungen sein, wenn es eine Philosophie der menschlichen Erfahrungen sein soll, weil alles, was der Mensch erfährt, nichts ist als eine Folge von durch seine Geburt und seinen Tod begrenzten Verwandlungen.

Die Astrologie, die wir als höchst bemerkenswerte Technik zum Erfassen der Lebensvorgänge in sehr vielen Bereichen – theoretisch auf jedem Gebiet – verstehen wollen, erlebte in den letzten zwei Jahrzehnten in der westlichen Welt eine Renaissance, die ein gewichtiges Zeichen der Zeit ist. Doch wird der Wirkungsgrad dieses Gewichts davon abhängen, ob die Astrologie wirklich modern aufgefaßt werden wird. Angesichts der physikalischen und vor allem psychologischen Erkenntnisse des zwanzigsten Jahrhunderts sollte auf die Methoden des neunzehnten Jahrhunderts, auf die klassischen und die mittelalterlichen Abweichungen verzichtet werden, und zwar nicht nur in der Astrologie, sondern auch auf jedem anderen Gebiet der Philosophie. Das Hauptinteresse sollte wieder dem menschlichen Erleben gelten, nicht den transzendenten Kategorien und mythologischen Bereichen, die einer heute im wesentlichen veralteten Ideologie angehören.

Die Astrologie wurde geboren aus dem Erleben der am Himmel herrschenden Ordnung, wie sie dem tief im Urwald hausenden primitiven Menschen erschien, der vom Chaos des Lebens auf der fruchtbaren, aber wilden Oberfläche unseres Planeten verwirrt war. Das Suchen nach Ordnung ist ein Grundtrieb des Menschen. Zu einem späteren Zeitpunkt der Evolution wurde dieses Suchen zur Wissenschaft intellektualisiert, es wurzelt jedoch nach wie vor tief in den Bereichen des Organischen und des Instinkts.

Der Instinkt ist eine Anpassung an die in Perioden funktionierende Ordnung der Naturerscheinungen und zugleich deren Ausdruck.

Der Instinkt beruht auf einer unbewußten Erwartungsfähigkeit. Wenn man die normale Erwartung der Lebensumstände eines Tieres gewaltsam stört – wie es der Fall sein kann bei einer bestimmten Art von Experimenten mit weißen Mäusen oder Schweinen, wie sie Schulpsychologen durchführen – so wird das Tier verrückt. Es ist nicht mehr fähig, dem äußeren Druck der äußeren Unordnung auf die innere Ordnung seiner biologischen Funktionen standzuhalten, so daß letztere in Unordnung geraten.

Das, worum die Zivilisation sich stets bemüht, kann als der Versuch erklärt werden, den Menschen mit seinen Sinneswahrnehmungen so weit zu bringen, daß er die gleiche Grundordnung, die in seinem eigenen Organismus wirkt, auch in dem erkennt, was er als die Außenwelt betrachtet. Diesen Erklärungsversuch wird der moderne Denker als eine anthropomorphe Illusion bezeichnen, warum aber, kann niemals herausgefunden werden. Niemals wird er jene Menschen überzeugen, die sich dessen bewußt sind, daß der Mensch niemals etwas über das hinaus wissen kann, was der Mensch (kollektiv und individuell) erleben kann.

Im Ursprung ist die Erlebniswelt des Menschen dual. Er empfindet die organische Ordnung in sich selbst als einen so absoluten Imperativ, daß schon die geringste organische Störung ihm ein akutes Schmerzgefühl bereitet. Doch erlebt der Mensch auch etwas, was ihm als Chaos außer seiner selbst vorkommt. Dieses Chaos wurde mit vielerlei Namen belegt, entweder um es wegzuerklären (wie z. B. Darwins Kampf ums Dasein, sein Überleben des Tüchtigsten, etc.), um es zu einer Art organischer Ordnung umzugestalten (vitalistische Philosophien), oder aber um es als den einen Pol eines Ganzen zu deuten, dessen anderer Pol eine gedachte Welt von Archetypen, idealen Ideen oder ähnlichem sei – von den Hindus *maya* genannt. Alle philosophischen Systeme, Religionen, Wissenschaften, alle Handlungen und Gesetzmäßigkeiten der sozialen Ordnung sollen ausschließlich dazu dienen, die Unordnung zu erklären und sie mit der inneren organischen Ordnung des Menschen in Einklang zu bringen.

Die Astrologie ist ebenfalls ein solcher Versuch, der älteste vielleicht, oder wenigstens derjenige, dessen Vitalität die längste Zeit erhalten geblieben ist, da der Dualismus von Himmelsordnung und Erdenunordnung überall eine allgemeine und wesentliche Tatsache des menschlichen Erlebens ist. Am Himmel sind alle Ereignisse regelmäßig, periodisch und mit sehr geringen Abweichungen vorhersagbar. Auf der Erdenoberfläche (sei es nun im jungfräulichen Urwald, im ländlichen Leben während des Mittelalters, oder in der modernen Großstadt) herrschen relatives Chaos, unberechenbare Emotionen, irrationale Konflikte, überraschende Krisen, Kriege oder Seuchen. Die Astrologie ist ein Verfahren, welches die Ordnung der Himmelslichter dazu verwendet, das Vorhandensein einer verborgenen, aber echten Ordnung in allen Angelegenheiten des Menschenerlebens auf der Erdenoberfläche zu beweisen.

Die Astrologie beweist nicht nur das Vorhandensein von Ordnung, indem sie Typen, Kategorien und Folgen von Ereignissen in Beziehung setzt zum periodischen Lauf der Himmelskörper (als sich bewegender Lichtpunkte – und nichts weiter): sie zeigt auch, wie Ereignisse vorherzusagen sind und wie ein solches Vorausschauen in sozialen und persönlichen Angelegenheiten anzuwenden ist. Vorausschauen bedeutet, die Kraft zu haben, eine Zivilisation aus dem angeblichen Chaos der Erscheinungen auf der Erde zu erbauen. Alle Wissenschaft beruht auf Vorhersagbarkeit. Die Astrologie ist die Mutter jeder Wissenschaft, die Mutter der Zivilisation, denn sie ist der erste und allgemeinste Versuch des Menschen, *die hinter oder in dem (physischen oder psychologischen, was gerade zutrifft) Durcheinander des Erdenurwaldes verborgene Ordnung zu finden.*

Zwei Arten, das Leben zu betrachten

Es gibt im wesentlichen zwei Arten, den Dualismus von himmlischer Ordnung und irdischer Urwaldunordnung mit Begriffen wie Sinn oder Zweck zu erklären. Die erste, einfachste und populärste Art besteht darin, den Bereich des Himmels als Bereich von positiven, in sich geordneten, energiegebenden und schließlich auch steuernden Mächten zu betrachten, die immerwährend *Einfluß* ausüben auf das passive, rezeptive, träge, und in sich chaotische (abgetrennte) Reich der irdischen Aktivitäten, der Impulse, Begierden und Leidenschaften. Der Himmelsbereich wird so zur Welt der Ideen, oder wie es die Philosophien des Mittelalters nannten, zur *natura naturans*, der aktiven Natur, im Unterschied zur *natura naturana*, der passiven irdischen Natur. Die menschliche Natur erhält bei dieser Konzeption fast unvermeidlich eine herabgesetzte Bedeutung. Sie wird betrachtet als durch die Ursünde pervertiert, als bedürftig einer Steuerung durch den Willen der Himmelsmächte und des Verstandes göttlicher Intelligenzen, oder auch der Erlösung durch das Mitleid und Opfer eines erhabenen Wesens, eines Gottessohnes. Die meisten Religionsphilosophien und auch die klassischen Philosophien basieren auf einer solchen Auslegung eines quasiabsoluten Dualismus von Gut und Böse, Geist und Materie, Gott und Natur, Vernunft und Gefühl, des Höheren und des Niedrigeren. Der gegenwärtige katastrophale Zustand der westlichen Menschheit resultiert aus dieser Auslegung, die jahrhundertelang die menschliche Erlebniswelt in zwei Teile gespalten hat, die trotz der Anstrengungen des menschlichen Willens und des Opfers, das göttliche Liebe brachte, zutiefst unvereinbar geblieben sind.

Doch ist eine andere Auslegung möglich und wurde zu Zeiten versucht. Die Denker der Jetztzeit – vom Psychologen bis zum Physiker – streben stärker als je vorher danach, einen festen Grund für diese Auslegung zu schaffen. Da jedoch eine gereifte Denkweise dazu gehört, um ihre Konsequenzen voll zu erfassen, ist sie noch nicht populär geworden, auch nicht unter geschulten Denkern, die noch durchdrungen sind von der alten Tradition der dualistischen Philosophie und ihrer transzendentalen Flucht in den Idealismus und absoluten Monismus.

Gemäß dieser »neuen« Auslegung besteht keinerlei Gegensatz zwischen dem Bereich der himmlischen Ordnung und dem irdischen Chaos, da das irdische Chaos nur eine Erscheinung, bzw. Fiktion, ist. Ordnung ist überall, *doch ist der Mensch blind für sie, wenn er von einer Ordnungsart zur nächsten, vielleicht umfassenderen Ordnungsart übergeht.* Wenn dem Menschen etwas auf der Erdenoberfläche als Chaos erscheint, rührt das allein von seiner unvollständigen Anschauung her. Wenn er die Ganzheit einer Situation nicht mehr zu erfassen vermag, glaubt er, sie sei chaotisch – wie ein Puzzlespiel, dessen Teilchen zu unzusammenhängenden Blöcken zusammengesteckt sind. Solange dieser Zustand andauert, ist kein Bild zu erkennen. So herrschen anscheinend chaotische Zustände, bis alle Teilchen sinnvoll zusammengefügt sind gemäß dem Bild des Ganzen, das allein seinen Sinn zu enthüllen imstande ist.

Der Mensch, betrachtet als physiologischer Organismus, ist ein geordnetes Ganzes. Was wir als interne Ordnung bezeichnen, ist eine Ordnung innerhalb der geschlossenen Sphäre des Leibes – bzw. des generischen Wesens, des Menschen als Exemplar des Genus *homo sapiens.* Dies ist das kleinere Ganze, die kleinere Sphäre des Seins, die – solange sie nicht durch einen Zug zur Identifikation mit einem größeren Ganzen, einer größeren Sphäre des Seins fundamental gestört wird – geordnet und organisch integriert ist.

Jedoch ist dieser Zustand des kleineren Integriertseins und des engeren Kreises niemals völlig ungestört. Das kleinere Ganze wirkt ständig innerhalb des größeren Ganzen, so daß eine pausenlose gegenseitige Durchdringung des Kleineren und des Größeren stattfindet. *Diese gegenseitige Durchdringung erscheint dem kleineren Ganzen als Unordnung und bereitet Schmerz. Für das größere Ganze ist es dagegen eine schöpferische zyklische Aktivität und wird als Opfer empfunden.* Das, was wir Leben nennen, ist eben dieses dauernde Zusammenwirken, in welchem sich das Kleinere und das Größere ständig gegenseitig durchdringen. Das Wesen des menschlichen Erlebens ist notwendigerweise zwiefältig bzw. dualistisch, da es stets sowohl das Erleben eines Individuums als auch zugleich das eines Kollektivs ist.

Wenn ein Individuum Schmerz empfindet und versucht, sich selbst oder einem Freund diesen Schmerz zu erklären, so gebraucht es Worte. Dieses Empfinden ist individuell, doch die Worte (und das Denken, das Formulieren und den standartisierten Gebrauch von Worten ermöglicht) sind kollektiv. Schmerz als unmittelbare Erfahrung ist individuell, Tragödien dagegen sind sozial, da sie in Beziehung stehen zu kollektiven Werten. Der individuelle und der kollektive Faktor durchdringen sich in allen Phasen des Erlebens. Das Leben selbst, die Wirklichkeit besteht aus dieser gegenseitigen Durchdringung.

Anstatt mit zwei fundamental verschiedenen Naturreichen zu hantieren, von denen das eine himmlisch, geordnet und gut, das andere aber irdisch, chaotisch und dunkel von Sünden ist, behandeln wir nun das Erleben des Menschen als Ganzes und können dabei zwei Phasen analysieren. Scheinbar erlebt der Mensch einerseits ein Urwaldchaos, andererseits aber himmlische Ordnung. Im ersteren Fall haben wir den Menschen und sein Erleben auf der Ebene des kleineren Ganzen, auf der er Schmerzen erleiden muß und, dadurch aufgeschlossen, unmittelbaren Kontakt aufnimmt mit anderen Einheiten des kleineren Ganzen. Dies ist ein langsamer Vorgang, in welchem der Mensch allmählich sein Bewußtsein mit dem Gesamtsein des größeren Ganzen, dem Universum, identifiziert. Im zweiten Fall begegnen wir dem Erleben eines Menschen, der sich in Distanz und mit Hilfe von zu Gesetzen formulierten kollektiven Beobachtungen mit dem größeren Ganzen verbindet, oder doch wenigstens mit so viel vom größeren Ganzen, als er zu umfassen vermag.

In beiden Fällen handelt es sich um einheitliches, von Grund auf unteilbares Erleben. Wir Menschen jedoch teilen es auf, *weil wir zwei Bezugskategorien benutzen,* wobei wir alle schmerzlichen, nahen, individuum-zentrierten Erlebnisse einer ersten Kategorie, und alle inspirierenden, distanzierten, kollektiv integrierten Erlebnisse einer zweiten Kategorie zuordnen. Obwohl beide Kategorien bzw. Klassen jeweils nur auf eine *Richtung* des Erlebens sich zu beziehen gedacht sind, erfassen sie in Wirklichkeit doch beide das ganze menschliche Erleben in all seiner Fülle.

Alles Erleben ist bipolar. Es wird hin- und hergezogen zwischen den Faktoren des individuellen und des kollektiven Erlebens. Die relativen Stärken dieser beiden Zugkräfte variieren. Die Erziehung (ein kollektiver Faktor) stärkt den kollektiven Aspekt des Erlebens – so wird ein gebildeter Mensch unter der Belastung einer emotionalen Störung vielleicht nicht so wild reagieren wie ein ungebildeter Mensch, der in einer eifersüchtigen Wallung töten kann. Doch wird ein stark individueller Künstler sein emotionales Gleichgewicht rascher verlieren als ein von den Regeln der Konvention durchdrungener Geschäftsmann. So wird auch dem romantischen Künstler die ganze Welt als grandiose Tragödie erscheinen, doch der englische Gentleman trinkt seinen Tee weiter, ungerührt, während vor seinen Augen sein Empire zerfällt, und verharrt so bis zum letzen Augenblick im anbrandenden Chaos.

Die obigen Ausführungen gehen davon aus, daß das Erleben des Menschen die wesentliche Grundlage für alles ist. Alle Wertungen, die ein Mensch vornimmt, stehen in Zusammenhang mit seinem Erleben. *Im Erleben sind alle Dualismen enthalten.* Der Himmel ist ein Aspekt des Erlebens, der Urwald ein anderer. Der Weise, dessen Leben geordnet und friedvoll verläuft und in dessen Liebe alle dem Menschen möglichen und heute konstituierten Beziehungsformen eingeschlossen sind, ist ein kleineres Ganzes. Ein solcher Weiser hat eine Integrationsstufe erreicht, die von der organischen Ordnung eines größeren Ganzen gespeist und an ihr gemessen wird. Er lebt in Frieden mit den anderen Menschen, da in seinem Bewußtsein seine Beziehungen Ausdruck des größeren Ganzen und ein Teil seiner Beziehung zu diesem allumfassenden Bild sind. Jedes Teilchen des Puzzlespieles befindet sich da, wo es hingehört. Das Bild als Ganzes ist klar und deutlich. Die Frage, ob es ein Chaos gibt, existiert einfach nicht.

Das Chaos ist der Weg zu einer größeren Ganzheit des Seins und Bewußtseins: ein Weg, ein Übergang, ein Vorgang. Der Weise kann diesen Vorgang ganz besonders gut begreifen, seine Rhythmen empfinden und sich den Sinn seiner polaren Anziehungen und Abstoßungen vorstellen. Der Weise versteht die ganze Natur als zyklisches Zusammenspiel von Energien, und zwar zwischen Einheiten des kleineren und des größeren Ganzen. Er ist Zeuge, wie in ihm und um ihn individueller Schmerz sich wandelt in kollektiven Frieden, und wie kollektive Erfüllung sich opfert als Inspiration und Führung, so wie diejenigen, die mit dem größeren Ganzen identisch sind, Einheiten des kleineren Ganzen, die noch mit den Problemen ihrer atomistischen und schmerzvollen Beziehungen kämpfen, segensvoll etwas zukommen lassen können.

Zyklisches Zusammenspiel polar entgegengesetzter Energien: dieser Satz enthält den Schlüssel zu einem Erleben des Menschen, das keine unvereinbare Dualität oder Schizophrenie, wie sie stets gegenwärtig und möglich ist, keinen Krieg zwischen Staaten oder sozialen Klassen produziert. Leben ist zyklisches Zusammenspiel polar entgegengesetzter Energien. Alle Erlebnisfaktoren sind stets gegenwärtig, aber mit immer wechselnden Intensitätsgraden. Innerhalb eines ganzen Erlebens ist das Schwinden der Energie eines Poles stets verbunden mit dem Zunehmen der Stärke des anderen Poles. Stets sind zwei Kräfte wirksam. Alle denkbaren Arten von Aktivitäten sind stets wirksam in jedem organischen Ganzen, jedoch dominieren bestimmte Arten, während andere

Arten so wenig wirksam sind, als seien sie überhaupt nicht existent. Von unserem Gesichtspunkt aus ist Nicht-Existenz eine Fiktion, die man besser *Latenz* nennen sollte. Kein charakteristischer Zug des gesamten Universums fehlt jemals völlig im Erleben eines Ganzen, er ist nur latent. Und Latenz ist in gewissem Sinne immer noch eine Art Aktivität, nämlich eine negative, introvertierte Aktivität.

Durch diese philosophische Deutung des Erlebnisproblems erhält die Astrologie Sinn und Wert, wie dies nur wenige Denker vermuten. Im Lichte dieser Welt-Philosophie kann die Astrologie ein bemerkenswertes Werkzeug sein für das Verständnis des menschlichen Erlebens, das als Feld eines zyklischen Zusammenspiels polar entgegengesetzter Energien oder Verhaltensweisen betrachtet wird. Die Astrologie ist ein Mittel, das menschliche Erleben als organisches Ganzes zu verstehen, sie ist eine Deutungstechnik, ein Algebra des Lebens. Der geordnete Lauf der Planeten (und im geringeren Maße auch der der Fixsterne) dient der Astrologie als Symbol für das, was ein Mensch erleben kann, der das Leben als Ganzes versteht. Jedes Ereignis, das einen solchen Menschen trifft, ist Teil eines geordneten Ablaufs, so wie jedes Teilchen eines Puzzlespieles Teil eines vollständigen Bildes ist – und deshalb *Sinn* enthält.

Es ist nicht so, daß die Planeten irgendeinen Menschen direkt beeinflussen, indem sie einen besonderen Strahl zu ihm senden, der diesem Menschen entweder Glück bringt oder ihn das Bein brechen läßt. Die Bahnen der Planeten und ihre Stellungen zueinander zeigen vielmehr dem Menschen die Wirklichkeit in geordnetem Zustand, und zwar im Verhältnis zu jenem größeren Ganzen, das uns als das Sonnensystem bekannt ist. Die Menschen sind Einheiten eines kleineren Ganzen innerhalb dieses größeren Ganzen. Die Menschen können nur Frieden finden und dauerhaft integriert bleiben, wenn sie sich selbst bewußt in Beziehung setzen zum größeren Ganzen, wenn sie ihre eigenen Erlebniszyklen mit den Aktionszyklen des größeren Ganzen identifizieren, so wie sie ihre Begegnungen mit anderen Menschen in Beziehung bringen mit jenem Gesamtbild, das allein nur die Vision des größeren Ganzen zu enthüllen vermag. Jeder Mensch ist ein Ganzes – ein Individuum. Jedoch ist es bedeutungslos, ein Individuum zu sein, es sei denn, man ist eines, das in einer Beziehung zur menschlichen Gesellschaft steht, oder – als äußerste Grenze – zum Universum. Ein Mensch, der auf einer verlassenen Insel lebt ohne jede Möglichkeit, jemals in Beziehung zu einem anderen Menschen zu treten, ist kein Individuum, sondern ein einzelner Organismus ohne Bedeutung im Sinne der Menschheit. Ein Individuum ist der individualisierte Ausdruck der kollektiven (bzw. generischen) Natur des Menschen. Was der Mensch von dem Kollektiv, das schon vor ihm bestanden hat, erhalten hat, muß er dem Kollektiv, das ihm nachfolgt, zurückerstatten. Kein Individuum existiert in einem Vakuum. Es gibt keine organische Einheit, die nicht in einem größeren Ganzen enthalten wäre und die nicht ein kleineres Ganzes enthielte. Ein Individuum zu sein, stellt einen sozialen Status dar. Latent ist jeder Mensch ein Universum, oder, wie die Chinesen es ausdrücken, ein Himmlischer. Ziel des Erdenmenschen sei daher, die Latenz in Aktivität umzuwandeln, seine irdische Sphäre mit dem Licht, dem Rhythmus, der integrierten Harmonie des größeren Ganzen zu erleuchten, wie dieses sich in den Bewegungen der Himmelskörper herrlich darstellt.

Die Astrologie öffnet uns ein Buch mit Bildern des Weltalls. Jedes Bild ist aus Ordnung geboren und bedeutet etwas. Jedes Radixhoroskop ist eine Niederschrift einer kosmischen bzw. göttlichen Hand, ist kosmischen Ursprungs, ist ein Puzzlespiel, dessen Bild schon fertig zusammengesteckt wurde. Der Mensch, der sich ein solches Bild zu deuten vermag, kann sein Erleben wirklich erfüllen, da er es ja *objektiv erkennt als die Struktur eines organischen Ganzen.* Er überschaut das Bild als ein Ganzes, das jedoch einer Folge, einem Zyklus universaler Umwandlungen unterworfen ist, wie sie sich ihm im Wandel der Sterne und Planeten zwar klar, in der Enge seiner irdischen Beziehungen aber nur verworren bieten. Nichts ist statisch, und kein Leben ist völlig zweigeteilt. Das Leben ist ein Prozeß, und jeder Prozeß beinhaltet einen Ablauf, ist zyklisch, wenn wir nur unseren Erfahrungen vertrauen und ihnen nicht intellektuelle Kategorien oder einen ethischen Dualismus aufzwingen. Astrologie ist das Studium zyklischer Vorgänge.

Das Wesen des Tierkreises

Die gesamte Astrologie beruht auf dem Tierkreis. Alle Faktoren der Astrologie: die Sonne, der Mond, die Planeten, Häuserspitzen, Knoten, Fixsterne, etc. stehen in Beziehung zum Tierkreis. Man sollte ihn nicht als mysteriös, zu weit entfernt oder als okkult abtun. Vom oben erläuterten Standpunkt aus ist der Tierkreis einfach das Ergebnis jener menschlichen Erkenntnis, daß Erleben ein zyklischer Vorgang ist, und daß jede Manifestation organischen Lebens in erster Linie dem Gesetz eines rhythmischen Wandels unterliegt – das einmal von einem bestimmten Leitprinzip, ein andermal von dessen gegnerischem Pol zu Aktivität angetrieben wird.

Dieses Gefühl, daß es einen rhythmischen Wechsel gibt, erwacht im Menschen, wenn er über sein alltägliches Erleben nachdenkt, das sich ihm in Form einer regelmäßigen Abfolge von Tag und Nacht, von Licht und Finsternis bietet. Doch das Leben des Menschen verläuft in zu enger Tuchfühlung mit diesem Wechsel, das Bewußtsein des Menschen ist zu stark verwoben mit ihm, als daß er ihm als etwas anderes denn Unabwendbarkeit erschiene. Dies ist so, weil der Mensch in der Regel nicht den ganzen Tag-und-Nacht-Zyklus bewußt erlebt. Er ist mit einem Dualismus konfrontiert, der ihm absolut erscheint, da dieser nicht nur ein Dualismus von Licht und Dunkelheit ist, sondern auch, was das Bewußtsein anbetrifft, das Sein und das Nicht-Sein gegeneinandersetzt. So kommt der Mensch dazu, den Tag-und-Nacht-Zyklus als ein Symbol zu benützen, mit dem er das größere Geheimnis von Leben und Tod interpretiert. Das Konzept der Wiedergeburt ist nichts weiter als eine symbolische Erweiterung des allen Menschen gemeinsamen Erlebens, daß Tag und Nacht sich regelmäßig abwechseln, so auch die alte hinduistische Vorstellung von den Tagen und Nächten Brahmas, den kosmischen Perioden der Manifestation, die von Perioden der Nicht-Manifestation gefolgt sind – *Manvantaras* und *Pralayas*.

Der Jahreszyklus, der in den Zonen gemäßigten Klimas durch die jahreszeitlich bedingte Vegetation besonders deutlich ist, liefert der Anschauung des Menschen eine völlig andere Art eines geregelten Ablaufs. Hier ist keine Rede mehr davon, daß die eine Hälfte dieser Abfolge mit einer Vorstellung absoluter Nichtexistenz verbunden ist. Der Mensch verbleibt während des gesamten Jahreszyklus dessen aktiver Beobachter. Das Jahr kann also als Erlebenszyklus bezeichnet werden, weil der Erfahrende das ganze Jahr über Erfahrungen macht, während der Tag-und-Nacht-Zyklus in der Regel einer solchen Interpretation nicht unterwerfbar ist, denn der Mensch ist ja während einer langen Zeitspanne dieses Zyklus kein aktiver Erlebender.

Der Tierkreis ist die Symbolisierung des Jahreszyklus, insbesondere in den gemäßigten Zonen der nördlichen Hälfte der Erdkugel, wo die Astrologie ihren Ursprung genommen hat. Die Tierkreissymbolik ist das Ergebnis der Erfahrungen, welche die in diesen Regionen lebende Gesellschaft machte: das Erlebnis der Jahreszeiten, des Wirkens der Natur und des Menschen innerhalb des wechselnden Panoramas der Vegetation – die der Urgrund für tierisches und menschliches Leben auf dieser

Erde ist. Da in den letzten Jahrtausenden die einzelnen Völker die *aktiven* Faktoren für die Entwicklung des menschlichen Bewußtseins waren, haben ihre Erfahrungen universale Gültigkeit gewonnen, was Sinn des Kosmos und Bestimmung des Menschen betrifft. Die Zivilisation, wie wir sie heute kennen, ist zu Hause in jenem Bewußtsein, wie es auf dem nördlichen Teil der Erdkugel im gemäßigten Klima entstanden ist. Vielleicht wird dies nicht so bleiben in aller Zukunft, doch für die Gegenwart trifft es zu, und die zyklische Entwicklung der Zivilisation wird von unseren heutigen Astrologen zutreffend ausgelegt.

Der in unserer Astrologie benutzte Tierkreis hat sehr wenig, wenn überhaupt irgend etwas zu tun mit den geschlossene Einheiten bildenden Sternzeichen. Es ist dies vielmehr eine alte Überlieferung von einer zyklischen Folge von Wandlungen, wie sie der Mensch das Jahr über erlebt, eine in symbolischer Sprache geschriebene Überlieferung, in der die Sterne nur als einleuchtende Bilder dienen, um symbolische Vorstellungen aufzubauen und mit ihnen die Einbildungskraft einer Menschheit anzusprechen, die kindlich genug ist, sich von Bildern stärker beeindrucken zu lassen als von abstrakten, verallgemeinernden Denkprozessen. Das Wesentliche am Tierkreis sind nicht die auf Himmelskarten eingezeichneten Hieroglyphen, nicht die symbolischen Geschichten um mythologische griechische Themen – so bedeutungsvoll diese auch sein mögen. Das Wesentliche ist das menschliche Erlebnis des Wandels. Für eine Menschheit, die einmal der Erde sehr nahe gelebt hat, waren die verschiedenen Launen der Natur, aus denen das Jahr bestand, der stärkste Ausdruck solcher Veränderungen, denn die inneren emotionalen und biologischen Veränderungen im Wesen des Menschen entsprachen nur allzu genau den äußeren Veränderungen der Vegetation.

Die Menschheit entwickelt sich seit den frühen Tagen von Chaldäa und Ägypten. Diese Entwicklung bedeutet im Grunde genommen nur eines, ein einziges: die Fähigkeit des Menschen, sein Erleben *von der biologischen auf die psycho-mentale Ebene* zu übersetzen bzw. zu übertragen. Zuerst zog die Menschheit ihre Symbole und die Struktur ihrer Bedeutungen aus biologischen Erkenntnissen. Der Mensch, der das Leben und den Wandel im wesentlichen als ein leiblicher Organismus erlebte, suchte sein Bewußtsein von Zweck und Sinn in Form leiblicher Erfahrungen auszudrücken. Diese Formen waren die einzigen gemeinsamen Nenner, auf denen die Zivilisation erbaut werden konnte. Auch bei den sogenannten spirituellen Lehren (z. B. die frühen Formen des Yoga oder Tantra in Indien) waren sexuelle und im allgemeinen vitalistische Symbole und entsprechende Praktiken von Gewicht.

Zunehmend jedoch suchten die Führer der Menschheit ihr Erleben und das Erleben ihrer Jünger auf eine neue Struktur der menschlichen Integration auszurichten: auf das individuelle Ego. So entstand die Notwendigkeit, alle alten Integrationstechniken und ihre Symbole in die neue Sprache des Ego zu übersetzen – in eine intellektuelle und psychologische Sprache.

Diese Notwendigkeit brachte die Astrologie in relative Mißgunst. An ihre Stelle traten die griechische Wissenschaft, die Logik und die Psychologie, die dann in der westlichen Zivilisation zu beherrschenden Mächten wurden. Die Sprache des Ego stellt rationalistische Zusammenhänge und die Analyse heraus. In seinem Eifer, die neue Funktion des exakten Denkens zu entwickeln, versucht der westliche Mensch alle organischen Erfahrungen und alle Techniken in jeder Weise zu entwerten und zu verwerfen, die noch seine Vorfahren befähigt haben, ihrem Leben als Zyklus einen Sinn zu unterlegen und mit jeder Lebenssituation erlebnismäßig als mit einem Ganzen fertig zu werden. Der transzendentale Idealismus hat das Erleben des Menschen in zwei Teile gespalten und eine trügerische Gegnerschaft zwischen Seele und Leib aufgebaut.

Und doch ist während des ganzen Zyklus der europäischen Zivilisation eine okkulte Tradition am Leben geblieben, die auf der Ebene der Psychologie nun versucht, die Symbolsprache der Astrologie und ähnliche Techniken zur menschlichen Integration neu zu interpretieren. Die Alchemie und die Rosenkreuzler waren bereits herausragende Beispiele für solche Versuche, die sich aber wegen der Gegnerschaft der Kirche mit dem Schleier des Geheimnisses umhüllen mußten. Eine Art biopsychologischer Astrologie entwickelte auf obskure Weise, wie vier Funktionen der menschlichen Psyche auf die vier Jahreszeiten reagierten, und die Symbole des Evangeliums wurden mit denen heidnischer Überlieferungen vermischt. Über alle diese Zeiten blieben die alten traditionellen Formen der Astrologie weiterhin in Gebrauch, so wie Ptolemäus sie niedergelegt hatte. Sie dienten meistens jedoch nur als ein Mittel, um die Neugier einzelner Menschen oder den Ehrgeiz von Fürsten und Königen zu befriedigen.

Die bemerkenswerte öffentliche Aufmerksamkeit, die die moderne Psychologie heutzutage findet, gibt den Astrologen Gelegenheit, die Astrologie und ihre Symbole völlig neu zu formulieren. Die Astrologie kann zur Sprache nicht nur des individuellen Ego, sondern der menschlichen Personalität insgesamt werden. Und in einer von Konflikten zerrissenen Welt, die durch ihre Leidenschaft für das Analysieren und Differenzieren um jeden Preis sinnlos geworden ist, kann die Astrologie neuerlich zu einer Technik werden, die es dem Menschen möglich macht, sein Erleben als Ganzes zu verstehen, nämlich sein physiologisches und psychisches Erleben, Leib und Seele, das Kollektive und das Individuelle. Ohne Furcht vor Verfolgung – wie zu hoffen ist – kann die Astrologie sich wieder der alten vitalistischen Symbole der antiken Astrologie bedienen, deren Sinnbilder aus den jahreszeitlichen Veränderungen der Vegetation und aus den Erlebnissen des Menschen mit den in seiner generischen und leiblichen Natur latent vorhandenen Kräften stammen.

Diese Sinnbilder sind trächtig von der Bedeutung der Gefühle und Empfindungen, die seit der Morgendämmerung der Zivilisation allen Menschen auf der Erde gemeinsam sind. Diese Sinnbilder sind durchtränkt von kollektiver Weisheit und organischem Instinkt. Sie gehören grundsätzlich zur Natur des Menschen, zu der allen Menschen gemeinsamen Menschheit, zu dem Boden, auf dem die individuellen Errungenschaften einer späteren, rational denkenden, überintellektualisierten Menschheit aufgebaut wurden. Ohne die Stützkraft dieser Wurzeln muß der Mensch zusammenbrechen und zerfallen. Das Schauspiel eines solchen Zusammenbruchs und Zerfalls steht uns vor Augen in diesen dunklen Menschheitstagen, die doch schon wieder trächtig sind vom Samen für eine neue Integration des menschlichen Erlebens.

Sinn und Zweck dieses Buches ist es nicht etwa, ausführlich und didaktisch zu sein. Es soll vielmehr versucht werden, die alte Symbolsprache des Tierkreises und die in letzter Zeit besonders von progressiven Psychologen präsentierten grundlegenden Sinnbilder und Konzepte kurz und suggestiv unter einen Hut zu bringen. Unsere Hoffnung dabei ist, daß dem Menschen geholfen werden möge, seinem Gesamterleben – wie es sich aus unserer anstrengenden Zivilisation ergibt – bewußter und als einem Ganzen zu begegnen.

Der Mensch ist dazu in der Lage, besonders wenn er aufhört, in Form von statischen Kategorien und verhärteten Systemen zu denken, in Form von Wesenheiten, die *entweder* nur eines *oder* nur ein anderes sind, wenn er dem Universum seiner Erfahrungen mit anderen Menschen und allem Lebendigen als einem größeren Ganzen begegnet, an dem teilzuhaben er bereit ist, wenn er die Vision eines integrierenden, allumfassenden evolutionären Zweckes wahrnimmt, in den er sein Leben einzufügen bereit ist, das von seinem sinnlosen Ehrgeiz, um jeden

Preis anders als andere sein zu wollen, zerstückelt wurde.

Das Studium des Tierkreises, auch Zodiakus genannt, lehrt uns vor allem, daß – obwohl in jeder Situation und bei jedem Erleben stets zwei Kräfte wirksam sind – Verstehen und Entscheiden niemals eine Angelegenheit des Entweder-Oder, sondern des Mehr oder Weniger ist. Es gibt zwar einen Dualismus, doch ist dies der Dualismus eines dynamischen Vorganges, bei dem gegnerische Kräfte sich ständig dynamisch durchdringen und verwandeln. Deshalb ist kein Wesen, kein Erleben gut oder böse, konstruktiv oder destruktiv, licht oder dunkel. Alles ist in allem. Was sich verändert, ist das Kräfteverhältnis in der Kombination.

Um zu verstehen, was eine solche Kombination ist, und um ihr einen gültigen Sinn verleihen zu können, müssen die verschiedenen Bestandteile jeden Erlebens gemessen werden. Und zwar entweder in bezug auf die *Stellen*, die sie innerhalb der Grenzen eines Ganzen einnehmen, oder in bezug auf ihre relative *Intensität*. Die Intensität jeden Faktors hängt hauptsächlich ab vom Augenblick, in dem er während eines Zyklus wirkt, ob er den Frühling oder den Winter dieses Zyklus darstellt, ob er jung oder alt ist, ob er sich in zunehmender oder schwindender Phase befindet, etc. Dadurch, daß der Mensch das Konzept des »Mehr oder Weniger« anstelle des »Entweder – Oder« setzt, kann er eine neue Haltung dem Leben gegenüber gewinnen. Ein Erleben, das – für den Erlebenden – *nur* Gutes und *nichts* Schlechtes bringt, wird dem Erlebenden nur Konflikte und Knechtschaft einbringen.

Wenn ein solches Erlebnis aber als eine Kombination von Licht und Schatten verstanden wird, bei der das Licht *überwiegt*, kann das ganze Erlebnis mit dem gesamten Zyklus in Einklang gebracht werden, in dem die beiden Kräfte, nämlich Licht und Schatten, ständig zusammenwirken. Dann ist es möglich, den gesamten Zyklus als

Kern des Teilerlebnisses anzunehmen. Der Mensch wird dann fähig sein, den Sinn seiner Erfahrungen zu erkennen – denn nur das Ganze zeitigt Sinn, und nicht irgendein Teilbereich.

Jede Phase des Tierkreis-Verlaufes – jedes Zeichen des Tierkreises – stellt ein Stadium des menschlichen Erlebens dar, bei dem jeweils ein Mehr und ein Weniger zweier Grundkräfte aktiv sind. Diese ihrem Wesen nach universalen und in der Form leicht veränderlichen Kräfte können mit jeder Anzahl von Namen belegt werden. Da wir hier bemüht sind, die Astrologie auf den einfachsten gemeinsamen Nenner *menschlicher* Erfahrungen zu bringen, wollen wir diese beiden kosmischen Kräfte, die das ganze Jahr über miteinander ringen, mit »Tagkraft« und »Nachtkraft« bezeichnen. Diese Bezeichnungen entsprechen nicht nur dem ältesten Wortschatz der Astrologie, sondern sind zugleich auch natürlicher und logischer Ausdruck für die Tatsache, daß während der einen Hälfte des Jahres die Tageslänge zunimmt und die Nachtlänge entsprechend abnimmt und sich der umgekehrte Vorgang während der anderen Jahreshälfte abspielt. Daraus folgt, daß mit länger werdenden Tagen die Tagkraft, die positive Seite, der Strom der Sonnenenergie zunimmt, während bei kürzer werdenden Tagen und länger werdenden Nächten die Nachtkraft an Macht gewinnt und die Tagkraft an Macht verliert.

Da nun Tag- und Nachtkraft alternierend zu- und abnehmen, sind folgerichtig vier kritische Hauptmomente zu vermerken, nämlich:

1. Zur Wintersonnenwende (Weihnachten) ist die Tagkraft am schwächsten und die Nachtkraft am stärksten. Hier beginnt das Tierkreiszeichen *Steinbock*.

2. Zur Frühjahrs-Tagundnachtgleiche (etwa am 21. März) hat die Tagkraft, die an Stärke zunahm, während die Nachtkraft abnahm, nun die gleiche Stärke wie die Nachtkraft. Tierkreiszeichen: *Widder*.

3. Zur Sommersonnenwende (etwa am 21. Juni) erreicht die Tagkraft ein Maximum und die Nachtkraft ihr entsprechendes Minimum an Energie. Tierkreiszeichen: *Krebs*.

4. Zur Herbst-Tagundnachtgleiche (etwa am 21. September) sind die beiden Kräfte sich wieder gleich, wobei die Nachtkraft seit Sommerbeginn ständig zugenommen hat. Tierkreiszeichen: *Waage*.

Für den, der einen zyklischen Verlauf studieren will, besteht die erste Schwierigkeit darin, den Anfangspunkt des Zyklus festzulegen. Die philosophische Analyse kennt letztendlich keinen Anfangspunkt, doch muß aus praktischen Gründen ein solcher angenommen werden, damit der Verlauf eines Zyklus in aller Deutlichkeit mit Begriffen aus der menschlichen Erlebniswelt interpretiert werden kann. Mit dieser Festsetzung eines Anfangspunktes wird ein Bezugssystem eingeführt, wobei die Festsetzung keinesfalls als willkürlich zu betrachten ist, sondern *sie drängt sich dem Beobachter einfach auf als Ergebnis der Bedeutung, die sein Erleben dem zyklischen Lauf verleiht.*

Vom Gesichtspunkt des – menschlichen oder sonstigen – physischen Erlebens der Natur und solange der Tierkreis als ein dynamischer Umwandlungsvorgang angesehen wird, ist es klar und folgerichtig, daß einer der vier oben angegebenen Punkte als Zyklusbeginn auszuersehen ist. Weiterhin ist es aber ebenso klar, daß eine Philosophie, bei der keine Phase des Erlebens zum Schaden der gegnerischen bzw. ergänzenden Phase höher bewertet wird, es für geeignet ansieht, den Zyklus zu einer Zeit beginnen zu lassen, zu der die beiden alternierend wachsenden und abnehmenden Kräfte gleich stark sind, also bei den Tagundnachtgleichen. So wurde die Frühjahrs-Tagundnachtgleiche als Anfang des Tierkreises auserwählt, denn der Mensch identifiziert naturgemäß sein Erleben als erstes mit den Bereichen der wachsenden

Dinge und dem zunehmenden Sonnenlicht, und erst später mit den verborgenen Bereichen jener Werte, die vom Samen und vom winterlichen Leben symbolisiert werden. Die Frühlings-Tagundnachtgleiche der gemäßigten Zonen der nördlichen Erdhälfte wird von Astrologen der »Widderpunkt« genannt. Wir wissen ja, daß die Wurzeln unserer Zivilisation in den gleichen Regionen zu finden sind, in denen auch die Wiege unserer Astrologie stand.

Tagkraft und Nachtkraft

Die Bedeutung eines Zyklusbeginns ist nur zu verstehen, wenn einem die allgemeine Bedeutung des Zyklus an sich bekannt ist. Schon allein durch Verwendung des Begriffes »Zyklus« ist mit einem Zyklusbeginn auch das Ende des vorherigen Zyklus bezeichnet. Die Vorbedingung für einen Anfang ist ein Ende, so wie die neue Vegetation bedingt ist durch die Samen, die das Produkt des vorjährigen Wachstums sind. Die allgemeine Bedeutung eines Zyklus zu kennen, heißt das Wesen der beiden Grundkräfte zu kennen, die im Verlaufe des Zyklus ineinander spielen. Wir müssen daher zuallererst die Eigenschaften der Tagkraft und der Nachtkraft definieren. Mittelpunkt unserer Definition sind Konzepte psychologischer Art, da es der Zweck dieses Buches ist, die astrologischen Faktoren auf jener neuen Ebene anzuordnen, auf der der Mensch heutzutage bewußt und absichtsvoll wirkt: auf der psychomentalen Ebene.

Die Tagkraft ist eine *personalisierende* Energie. Sie zwingt Ideen, geistiges Sein, Abstraktionen in eine konkrete und bestimmte Wirklichkeit. Sie bewirkt die Ausgießung des Geistes in einen Leib, um einmal bekannte, doch auch gefährliche Worte zu gebrauchen. So wächst die Tagkraft von Weihnachten an. Weihnachten ist das Symbol für die Fleischwerdung des Geistes, die aber erst sichtbar wird in Widder, dem Symbol für das Keimen – beim Menschen für die Jugendzeit. Krebs ist das Symbol für das Mündigwerden des Menschen und für die persönliche Erfüllung durch Heirat und Familienverantwortung. Das natürliche Ergebnis der Wirksamkeit der Tagkraft besteht darin, daß jene Einmaligkeit des Menschen betont wird, die heute mit Personalität bezeichnet wird.

Die Nachtkraft ist eine *einsammelnde* Kraft, die Personalitäten zusammenbringt. Zuerst, in Krebs (Sinnbild des eigenen Hausstandes) integriert sie einen Mann und eine Frau. In Löwe fügt sie ein Kind hinzu, in Jungfrau die Dienstboten, Pflegerinnen, Erzieher. Doch wird die Integration erst offenbar in Waage, dem Symbol für soziale Aktivität, für Gruppenaktivität zum Erbauen einer kulturellen und geistigen Gemeinschaft. In Skorpion blühen Unternehmen der Wirtschaft und der Politik, in Schütze die Philosophie, das Druckereiwesen, lange Reisen. Die Macht der Nachtkraft erreicht ihren Scheitelpunkt in Steinbock, dem Symbol für den Staat, des organisierten sozialen Ganzen. Das natürliche Wirken der Nachtkraft besteht im Fördern aller mit dem Begriff der Gesellschaft in Beziehung stehenden Werte.

Personalität und Gesellschaft – das sind die beiden Pole des wirkenden Erlebens aller menschlichen Wesen, solange wir die historische Entwicklung des Menschen verfolgen können. Auf der psychischen Ebene der modernen Menschen sind diese beiden Begriffe *konkrete* Manifestationen der beiden allgemeineren Begriffe des Individuellen und des Kollektiven. Jedes menschliche Erleben enthält diese beiden Faktoren in variierender Stärke. Diese Tatsache sollte niemals außer acht gelassen werden. Kein Mensch handelt und empfindet allein als individualisierte Personalität, oder allein als soziales Wesen. Niemals heißt es Entweder – Oder, sondern immer nur Mehr oder Weniger. Das ist Sache des Standpunktes.

In vergleichbarer Weise können wir von der Sonne sowohl als von einer Sonne als auch von einem Stern sprechen. Als Zentrum eines individualisierten, einzelnen kosmischen Organismus (eines Sonnensystems) ist die Sonne eine Sonne, doch als Teil der kollektiven Einheit der Milchstraße ist sie ein Stern. In ersterem Falle sitzt sie allein auf ihrem Thron, in letzterem Falle steht sie in ständiger Beziehung zu ihren Mitsternen innerhalb der Grenzen des größeren Ganzen, der Milchstraße. Tagsüber erlebt der Mensch die Sonne als Lichtspenderin, als Sonne, nachts dagegen stellt sich der moderne Mensch vor, daß diese Lichtspenderin, diese Allmutter auch nur ein Stern inmitten der Sternengemeinschaft der Milchstraße ist. Überwältigt von Licht und Wärme beten wir die Sonne andächtig an, in der friedlichen Stille der Nacht dagegen kommunizieren wir mit der Bruderschaft der Sterne. Stets herrscht dabei die gleiche Wirklichkeit, wir jedoch brauchen nur unseren Blickpunkt zu wechseln, und schon teilt sich diese eine Wirklichkeit auf in zwei Phasen des Erlebens, und dann noch in viele weitere Phasen. Diese Teilbarkeit unseres Erlebens findet nur ihre Grenzen bei unserer Fähigkeit, bei diesem Prozeß der Differenzierung als Person integriert, gesund und normal zu bleiben, was bedeutet, solange wir als *soziale Personalitäten* fähig sind, unserem Erleben eine ganzheitliche Bedeutung zu verleihen.

Der Dualismus von Personalität und Gesellschaft wird in einem anderen, streng psychologischen Sinne zu einem Dualismus des bewußten Ego und des kollektiven Unbewußten. Der Bereich der individualisierten Bewußtheit ist der Bereich des Tages, der Sonne. Der Bereich des kollektiven Unbewußten ist der Nachtbereich, der Bereich der Sterne. Diese beiden Bereiche müssen akzeptiert werden, um verstehen zu können, wie das Wachsen und Abnehmen der beiden zyklischen Kräfte psychisch wirkt.

Wer einfach feststellt, daß nach der Sommersonnenwende die Tagkraft abzunehmen beginnt, gibt kein genaues psychologisches Bild dessen, was innerhalb der menschlichen Person geschieht. Nicht nur, daß die Tagkraft abnimmt, um genau sein zu wollen, muß festgestellt werden, daß das Abnehmen der Tagkraft bedeutet, daß das, was bisher eine positive, aktive Kraft war, sich immer mehr zurückzieht aus dem Bereich der Objektivität. *Diese Kraft wird jetzt zunehmend subjektiv und introvertiert, auch stärker transzendent.* Sie wirkt eher aus unbewußten als aus bewußten Motiven heraus.

Das menschliche Erleben sollte nicht nur zum Bewußtsein und zum individuellen Ego in Bezug gesetzt werden, weil wir in diesem Falle viele Erfahrungen einer ethischen Wertung unterziehen müßten, die unser gesamtes Dasein in zwei sich bekriegende Einheiten teilen würde. So müßten bestimmte Handlungen, die wir ausgeführt haben, als Beweise für unsere üble Personalität erklärt werden, andere wieder als Manifestationen unserer heroischen oder heiligmäßigen Individualität. Wenn wir uns nur auf unser bewußtes Ego beziehen würden, müßten unsere Handlungen dann so ausgelegt werden. Wenn wir uns aber klar darüber sind, daß unsere Handlungen teilweise bewußten Bemühungen und teilweise Motivationen entspringen, die aus jenem Unbewußten stammen, das uns (als Individuen) nicht gehört, sondern ein Meer ist von allgemeinmenschlichen und sozialen Energien, die nichts zu tun haben mit Ego-Strukturen, Ethik oder Vernunft – dann können wir menschliche Handlungen auf andere Weise erklären, und der Mensch kann sich selbst als integral und ungeteilt erkennen, als Mitte eines universalen Lebens mit einem sich zyklisch wandelnden Verlauf.

Von einem solchen überlegenen Standpunkt aus kann der Mensch wahrnehmen, wie sich das Bewußte und das Unbewußte beständig durchdringen, wie Rationalität rhythmisch spielt mit Irrationalität. Er wird dadurch nicht verstört, wird auch nicht frenetisch danach streben, etwas zu sein, was er nicht ist. Das menschliche Erleben ist und bleibt das Ergebnis eines solchen Zusammenspiels des Bewußten und des Unbewußten, des Individuellen und des Kollektiven. Zyklisches Leben pulsiert durch alle Handlungen, alle Empfindungen und Gedanken des Menschen. Das Herz der Wirklichkeit schlägt rhythmisch: aus Zusammenziehen und Ausdehnen setzt sich der Herzschlag des Werdens zusammen, der Herzschlag von Geburt und Tod, Winter und Sommer, vom Anwachsen des Lichts, vom Crescendo der Dunkelheit. Prachtvoll ist es, wie sich der Tanz des menschlichen Erlebens in den weiten Hallen des natürlichen Kreislaufs entlangbewegt. Der Weise schaut zu, doch jede Phase, jeder Pulsschlag dieses Tanzes schwingt mit durch seine bewußte Aufmerksamkeit. Er ist Zuschauer, aber auch Partner aller Vortänzer bei diesem universalen Tanz. Jeder Liebende erkennt in ihm das von ihm geliebte Wesen. Sein Geist erlebt das Schlagen aller menschlichen Herzen. Er überschaut zugleich alles Geborenwerden und Sterben. Und er verleiht Sinn allem und jedem Wesen, das aus dem pulsierenden und tanzenden Lebenszyklus geboren wird. Mit diesem Sinn-Verleihen erschafft der vollkommene, der freie Mensch die Wirklichkeit.

Zweites Kapitel

Die zwölf Phasen des menschlichen Erlebens

Widder

Die sprießenden Halme der Saat haben die von der Schneeschmelze aufgeweichte Ackerkrume durchbohrt und drängen zum Sonnenlicht. Der mit Vehemenz erwachte Frühling bringt das Wunder des Keimens zustande. Die Tagkraft ist nun gleich intensiv wie die Nachtkraft, die hinfort abnehmen wird. Ein Schauspieler hat die Bühne verlassen und ist für den Zuschauer sehr bald nur noch Erinnerung, so stark diese Erinnerung auch weiterleben mag in der Tiefe seiner Psyche. Der nächste Schauspieler ist in das Rampenlicht der Bühne getreten. Er will und er wird sich die Aufmerksamkeit des menschlichen Bewußtseins erobern. Ab sofort ist er der Star der Schau! Aber noch ist seine Stimme unsicher, und obwohl er gehörig prahlerisch auftritt, verrät seine Haltung doch noch eine versteckte Angst.

In Widder durchlebt die Personalität des Menschen ihre Jugendphase. Das heranwachsende Kind ist bis zur Pubertät in einer Art Gebärmutter befangen, die den Horizont seiner Personalität eng begrenzt: zuerst ist es der mütterliche Leib, später der differenziertere Raum der eigenen Familie, dessen sichere Wände die zunehmenden Konflikte noch abschirmen. Solange die Personalität des Kindes erst durch eine physische, dann durch eine psychische Hülle geschützt ist, befindet sie sich noch in einem vorgeburtlichen Stadium. Dann jedoch drängt der kollektive Wesensanteil des jungen Menschen zur Entfaltung und kämpft sich frei von der schützenden Hülle. Dieses Hervortreten, Sichtbarwerden vor der Welt – eine wunderbare, aber mit Angst vermischte Empfindung – das ist die Jugend. Jetzt wird der junge Mensch als Einzelperson hineingeboren in eine Welt, die ihm fremd oder gar feindlich erscheint, die erobert werden muß, vor der er keine Angst zeigen darf.

Angst – vermischt mit eifriger Erwartung, mit Verlegenheit, emotionaler Verwirrung – das ist der junge Mensch. Begeistert stürmt er drauflos, bei der geringsten Verletzung aber schreckt er zurück. Er ist wagemutig, aber unter Kichern. Eine innere Notwendigkeit treibt ihn voran, er behauptet sich lärmend und dreist – und wünscht sich dabei insgeheim zurück in die Sicherheit des mütterlichen Schoßes. Das geringste Wehen des Schicksals läßt ihn zurückschrecken, macht ihn leiden. Doch bald stürmt er erneut drauflos, wie ein echtes Böckchen.

Diese psychologische Beschreibung der Jugendzeit gibt auch die Grundzüge des Widdertyps wieder: seine emotionale Labilität, seine unüberschaubaren zwanghaften Sehnsüchte, seine überhohe Empfindlichkeit, die er aber unter der Haltung eines »Was schert mich der Teufel!« verbirgt, seine Instinkthaftigkeit reinsten Wassers, seine geradezu bombastische Selbstdurchsetzung, die in Wirklichkeit weniger auf echter Selbstsicherheit beruht als vielmehr der Ausdruck eines tief schicksalhaft erlebten biopsychischen Zwanges ist. Von innen her wird der Widdermensch dazu gezwungen, sich um jeden Preis ein Selbst zu erwerben, wird seine verborgene individuelle Seele dazu getrieben, die Bürde der Fleischwerdung auf sich zu nehmen. Nicht zur Befriedigung seiner Eitelkeit sucht er die Macht, nein, er muß Macht vor sich selbst demonstrieren, denn er braucht sie notwendig, um seine Personalität auszubilden. Und wenn er begierig scheint auf Liebe und Ruhm, auf Wein, Weib und Gesang, dann nur, weil er sich innerlich schwach und unsicher fühlt und von außen her immerzu nach Bestätigung und Halt sucht.

Da in ihm die Tagkraft die Nachtkraft gerade erst knapp überwunden hat, muß der Widdermensch sein bewußtes Ego heftig, zu Zeiten fast verzweifelt heftig, in seinen Lebenswillen eingießen, wobei er sich oft *überstürzt*. Seine Nostalgie ist genauso groß wie seine Ungeduld, sein Gefühlsleben ist genauso romantisch, wie seine Leidenschaft plötzlich und zupackend ist. Letztere kann aber zugleich kurzlebig und zeitweise von Pausen des Zögerns unterbrochen sein. Mehr als jeder andere Typus des Tierkreises liebt der Widder sein eigenes Bedürfnis nach Liebe, und zwar stärker als einen von ihm geliebten anderen Menschen! Er braucht Liebe, denn im Grunde genommen fürchtet er sich vor der Welt, er fühlt sich einsam. Andererseits jedoch fürchtet er die Gefangenschaft, die jede Dauerbindung oder Teilhaberschaft mit sich bringt. Denn er muß wachsen und wachsen, er muß seine sprießende und knospende Personalität ständig ausdehnen können, er muß – koste es was es wolle – jedes Stillestehen vermeiden. Denn Stillstand bedeutet für ihn ein Zurückdriften in die Vergangenheit. Sein Pionierinstinkt ist eine verhüllte Angst vor jeder Routine und vor den Zwängen der Tradition. Er muß und muß wachsen. Ein Wechseln des Partners, auch Veränderungen seines Horizonts oder seiner Treuebindungen können ihm wenigstens das Gefühl geben, daß er sich weiterbewegt, verleihen ihm die Illusion, daß er wächst.

Natürlich würde der normale Widdertypus die Existenz dieser verborgenen Quellen seiner Handlungen heftig verneinen. Er kann das nicht, seine Vorwärtsbewegung unterbrechen und versuchen, sich selbst zu verstehen. Er baut nicht an seinem Bewußtsein, sondern an seiner Personalität.

Im Grunde genommen ist er kein Denker, sondern ein Erbauer. Er muß seinen Lebensdrang erfüllen. Die Tagkraft erhebt sich in ihm mit phallischer Intensität. Es spielt keine Rolle, was er baut, oder wo er baut, wenn er nur in sich die Bewegung des Schicksals spürt. Er muß diese Bewegung spüren, muß fühlen, wie eine große Kraft auf ihn einwirkt.

Eine ausgereifte Personalität kann langsam, ruhig, absichtsvoll wirken, da sie von der relativ gesicherten Basis einer individuellen Selbstheit aus handelt. Der Widdertypus dagegen macht einen unaufhörlichen Selbstformungsprozeß durch. Er besitzt keinen Sinn für Selbstheit oder für feste Grenzen. Er steht immer offen, damit das universale, nicht personifizierte Leben zu ihm hereinstürmen kann. Er ist niemals ein fertiges Produkt, es kümmert ihn wenig, ob seine Versuche zu Ende gebracht werden. Er ist ausgefüllt von seinem Schöpfungsakt, nicht von seinen Schöpfungen. Und deshalb braucht er das Gefühl, daß hinter ihm eine Macht steht, eine Macht, die immer noch größer wird, und daß das Leben hinter ihm steht, das immer noch größer wird, und daß diese Macht, dieses Leben ihn zu seinen Schöpfungen zwingen. Alles was er möchte, ist, daß er diese Macht auf andere ableiten kann, auf fruchtbare jungfräuliche Felder, daß er dann weiterstürmen kann in seinem Drang, weitere, größere, und vor allem ganz neue Felder zu durchtränken.

In diesem Drang ist er unpersönlich. Er ist ein Gebender, doch gibt er nicht Dinge, die ihm selbst gehören. Was er gibt, ist Energie, schiere Energie, die Energie der Tagkraft, die aus ihm quillt. Es fällt ihm schwer, sich irgend etwas anzueignen. Wenn er sich aber einmal etwas aneignet, dann kann er sich (wenigstens eine Zeitlang) mit Leidenschaft daran klammern, mit einer aus Furcht und Einsamkeit erwachsenen Leidenschaft, weil sein neuer Besitz ihm plötzlich als Symbol seiner eigenen Personalität erscheint – seiner Personalität, die in Wirklichkeit das einzige ist, das zu besitzen er sich ganz stark wünscht, und deren er sich niemals sicher ist, da sie niemals ausreift.

Da in Widder Tagkraft und Nachtkraft einander die Waage halten, befindet der Widdermensch sich immerzu in einem Zustand des Ungleichgewichts und wird innerlich von gegnerischen Kräften hin- und hergezogen. Er ist ruhelos, leicht gereizt, nervös, oft neurotisch. Seine

Neurosen sind aber Handlungsneurosen und stammen aus einer Furcht vor unüberwindlichen Hindernissen, vor Ermattung noch vor der Anstrengung, oder vor einem Mangel an *persönlichem* Interesse an den eigenen Handlungen, deren Durchführung er trotzdem mit großer Energie und Leidenschaft betreibt. Diese Energie ist aber nicht die seine. Er selbst steckt nicht in ihr. Er ist ständig dabei, sich selbst als Personalität erfüllen zu wollen, doch dieses Ziel weicht vor ihm aus, bleibt immer fern, entrückt. Und so geht es mit ihm weiter, er handelt, begehrt, ist voller Emotionen, erschafft etwas – und alles, was er dabei fertigbringt, ist, daß er durch die Anstrengungen des ewigen Handelns seine eigene Leere und die Angst vor einer ewigen Jugend zugedeckt hält.

Dies braucht keinem seiner Partner klar zu sein, da er nicht nur handelt, sondern auch ein Schauspieler ist. Er spielt Rollen, und er liebt das Gefühl, er würde von einem unsichtbaren Stückeschreiber auf seinen Wegen geleitet, denn das gibt ihm Sicherheit auf seinem Schicksalsweg. Leicht wird er zum ergebenen Anhänger von irgendeiner Person oder Sache, weil er sich seiner eigenen Personalität nicht sicher ist. Er kann in eine Art Jünglingsschwärmerei für einen Lehrer verfallen, auf den er seine Leidenschaft für Persönlichkeiten projiziert. Anstatt die Schwäche der eigenen Personalität zuzugeben, gibt er sich lieber der Anbetung einer großen Persönlichkeit hin, vorzugsweise aber einer, die entrückt, ideal, abwesend ist. Diese Hingabe bedeutet stets eine psychische Projektion seiner eigenen Sehnsucht nach Personalität. Weil er selbst nicht die Rolle des Schöpferischen, Befruchtenden äußerlich sichtbar darzustellen vermag, projiziert er diese Sehnsucht und verwandelt sie in eine intensive (doch oft unbeständige) Hingabe an eine Idealgestalt oder große Sache.

In Widder hat sich die Personalität noch nicht von der Handlung getrennt. Die Personalität ist enthalten in einer

Unmittelbarkeit des Handelns, verursacht durch eine irrationale Macht, die auf einer Ebene Instinkt, auf einer anderen Ebene Gott ist. Gehandelt wird nur geradezu. Da jedoch ein Gefühl innerer Unsicherheit den jungen Schößling bei sozialen Stürmen zu Boden niederbeugen kann, braucht dieses Handeln oft einen stützenden Stab. Der Widdermensch muß aber diese für ihn so notwendige Form des Gestütztwerdens in einem verklärenden Licht sehen können, und auch der Stützpfahl muß ihm in unpersönlicher Gestalt erscheinen, andernfalls käme ihm seine eigene Widder-Personalität in den Augen der anderen Menschen und auch in den eigenen Augen wie herabgesetzt vor. Er weiß allerdings, nicht bewußt, nur unbewußt, was ihm fehlt. Er weiß, daß seine Personalität noch kaum eine konkrete Tatsache ist, da sie sich gerade erst aus dem subjektiven Zustand herausschält. Das heißt aber auch, daß sie noch in den ungeheuren Weiten des kollektiven Lebens schwingt und randvoll gefüllt ist mit Urkraft, mit dem *élan vital*, mit der hochaufbrandenden und gestaltenden Macht der universalen Evolution, der so mancher Mensch den Namen Gott gegeben hat.

In Widder ist der Pulsschlag des Lebens zu spüren. Durch dieses Zeichen weht schöpferischer Atem, der einherstürmt – und schon vorbeigestürmt ist. Widderkraft ist Blitzeskraft, die von oben aus der Dunkelheit des kollektiven Unbewußten aufflammt und einschlägt. Ist die Kraft der Offenbarung, des ausgelösten Schicksals, das brennt und befruchtet. Aus welcher Ebene diese Kraft sich auch feurig ergießt, sie verleiht den Handlungen des Widdermenschen eine besondere Härte, die unpersönliche, kosmisch-schicksalhafte Härte des Pioniers. Bei den vornehmsten Manifestationen des Widders zeigen sich keine Individuen am Werk, sondern die Menschheit selbst – der Mensch an sich. Auf weniger erhabenen Ebenen kann eine soziale oder eine Religionsgruppe, ein Staat, ein Volk seine Nöte äußern und bekommt die Lösung dieser Nöte durch einen solchen Menschen zugesprochen, der noch keine ganz bewußte Personalität und doch schon viel mehr als nur ein Individuum ist.

Wenn ein solcher Mensch sich dann klar wird über die Bedeutung des Schicksals, das durch ihn zur Handlung wird, kann diese Erleuchtung sein Ego mit Stolz überschwemmen: er kann arrogant werden. Er kann Ansprüche stellen an die Gesellschaft, als ob ihm aufgrund göttlichen Rechts alle möglichen Privilegien zustünden. Noch öfter aber trägt dieser sein Stolz ganz jugendliche Züge, ist vermischt mit Demut und einem Gefühl der peinlichsten Unsicherheit. Denn tief innen weiß der Widder, daß das, worauf er stolz ist, nicht aus seiner eigenen Quelle fließt, daß seine Eingebung versiegen und er leer dastehen kann. Hier liegt der Unterschied zwischen dem Stolz des Widders und dem des Löwen, dessen Stolz in seiner eigenen Personalität ruht und in einem Ruhm suchenden »Ich bin« wurzelt. Beim Widdermenschen liegt die Betonung mehr auf dem »bin« als auf dem »ich«. Sein Stolz sonnt sich in dem, was er tut, was durch ihn getan wird, in der großen Kraft, die ihm zu Gebote steht, in der mächtigen Maskulinität seines Organismus. Er ist nicht stolz auf das, was er persönlich ist. Er ist sich ja dessen, was er ist, niemals ganz sicher.

Widder ist die Morgendämmerung der Personalität als eines objektiven, bewußten Bestandteiles des Zyklus der menschlichen Entfaltung. Bei dieser Morgendämmerung überstreicht der erste Lichtstrahl des aufsteigenden Bewußtseins allmählich den ganzen östlichen Himmel und erweckt dort alle Kräfte, die zum Reich des Tages gehören. Der Westen aber ist noch dunkel. Noch regiert die Nacht über weite Bereiche der menschlichen Psyche. Bald aber wird sie nur noch die Erinnerung beherrschen und damit Besitz ergreifen von den Regionen unterhalb des Horizonts, vom Unbewußten.

Morgens beim Aufwachen begegnet der Mensch seinen Träumen – zwielichtigen Erinnerungen an den nächtlichen Zustand seiner Psyche, dessen Irrationalität die

Augenblicke des Erwachens durchgeistert. Da aber die Wirkung der Nachtkraft stark und nachhaltig ist, hängt der Widdermensch mit dogmatischer, hingebungsvoller Intensität an Ideen, an Vernunft, an Logik – an den Zeugen des Triumphes der Tagkraft über die irrationalen Phantasien des Nachtreiches. Diese Ideen sind für ihn Bollwerke der Form und Dauerhaftigkeit gegenüber dem Chaos vorgeburtlicher Ängste. Doch wenn der Widdermensch seine Bewußtheit fahren läßt und sein Innerstes betritt, wird er schier überflutet von den in seinem Unbewußten wuchernden Phantasien.

Nach Passieren des Wendepunktes der Frühjahrs-Tagundnachtgleiche verläßt die von der wachsenden Intensität der Tagkraft überwältigte Nachtkraft die Bühne des Bewußten, aber nur, um introvertiert, unbewußt und transzendent zu werden. Wir haben bereits aufgezeigt, wie diese Nachtkraft in Steinbock ihre Erfüllung erreicht, die Erfüllung des sozial-kulturellen Ideals vom Miteinanderleben im Staat. Die beiden darauffolgenden Tierkreiszeichen Wassermann und Fische bewirken, daß dieser Drang zum Bilden von Gruppen, dieser Wille zum Erbauen eines kollektiven, bleibenden größeren Ganzen aus einer Vielzahl von Personalitäten, daß dieser Drang geistiger wird, mehr als physisch, mehr als sozial wird. So ist Wassermann das Symbol für sozialen Idealismus, soziale Reformen, soziale Umwandlungen – alles unter Uranus' Einfluß. Und in Fische erreicht uns die Vorstellung von der unsichtbaren Gemeinde und der im Himmel triumphierenden Kirche – der Gemeinschaft der Heiligen, symbolisiert von Neptun.

In Widder wirkt die Nachtkraft noch stärker transzendierend. Ihr Symbol ist das Lamm, das hingeopfert wird für die Erlösung der Welt, mit anderen Worten, *Märtyrertum*. Als Märtyrer erfüllt der Widdermensch eine transzendente Form des Handelns, angetrieben vom großen Verlangen zu leben und als Selbst Unsterblichkeit zu erlangen. Denn Märtyrer sein, heißt in den Augen der

Gesellschaft, unsterbliches Symbol für eine Sache zu werden. Dies erfüllt sich durch den Tod als Personalität.

Und dies ist die Unsterblichkeit des Samens, der als Same stirbt, damit wieder Leben und Vegetation werde. Dies ist die ewige Kreuzigung dessen, was in Waage gesät wurde. Die Saat stirbt in das neue Leben hinein, so wie Nacht und Sterne im Licht des Sonnenaufgangs verbleichen. Und von diesem Dahinsterben der Nacht und der Sterne, von diesem Tod des Samens wird das Unbewußte jenes Widdermenschen heimgesucht, der sich nicht ganz und gar absorbieren läßt von frenetischen Aktivitäten und zerstreuten Befruchtungstätigkeiten. So verlangt der Widder in seinen Visionen jenseits der Schwelle des Bewußten nach der Saat, die für ihn die Mutter ist. Während er in seinem bewußten Wesen für die Zukunft arbeitet und schafft, träumt er im Unbewußten von der Vergangenheit.

Das Gleichgewicht zwischen Bewußt und Unbewußt ist sehr empfindlich in Widder, ebenso wie in Waage. Diese beiden Zeichen sind Zeichen der Ausgewogenheit, in denen Tagkraft und Nachtkraft von nahezu gleicher Stärke sind. Nur nahezu gleich, da in Widder die Tagkraft ein nach außen gerichtetes Moment besitzt, das ihr das Dominieren sichert. Doch ist dies ein Dominieren, das der Vergangenheit, der Nachtkraft einen Ehrensold zahlen muß.

In wenigstens einem Sinne wird der Widdermensch dazu aufgerufen, seine Vergangenheit zu opfern und sie auf dem gleichen Altar zu verbrennen, an dem er sich einem neuen Leben weiht. Ein solches Opfer könnte eine fröhliche oder wenigstens heitere Handlung sein, doch die Macht der Nachtkraft im Unbewußten verwandelt diese Handlung oft in dramatisches Märtyrertum. Daher findet man so oft beim Widdermenschen das Gefühl des *Selbstmitleids*, hervorgerufen durch die sich noch an ihre Vorherrschaft klammernde Nachtkraft. Negative Wesenszüge des Widders sind Selbstmitleid, Ermattung noch vor der Tat, das Gefühl eines »Wozu soll das gut sein?«, das Empfinden, ein geheiligtes Opfer des Schicksals zu sein. Diese negativen Aspekte des Widderzeichens wären alle zu überwinden, wenn nur das bewußte Ego die Inhalte des Unbewußten zu assimilieren verstünde (um mit C. G. Jung zu sprechen), wobei alle Energien des Widders absichtsvoll und bewußt in ein Werk und ein Schicksal einverleibt, bewußt angenommen und entlassen werden müßten!

So ist der Widder mit seinen Stärken und Schwächen, mit seiner Schicksalslast. Des Widders Gesang aber ist der Gesang von der Erhabenheit der Sonne. Denn die in Widder erhöhte Sonne spürt in und durch Widder zum ersten Mal, daß sie den Sieg gewonnen hat. Dieser Sieg über die Nacht wird gefeiert bei neunzehn Grad Widder, dem Grad der Ekstase der Sonnenkraft. Dies ist der Tag der symbolischen Auferstehung: Ostern. Später, in Löwe, erreicht das bewußte Sonnen-Ego seinen Höhepunkt in der Freude seines kreativen Selbstausdrucks, doch bei 19° Widder triumphiert die Tagkraft das erste Mal mit dem hochaufwogenden ersten Liebesüberschwang der Jugend. Das Leben selbst strömt brausend ein in den jungen Menschen, der nun spürt, wie er sich zum Weltall ausweitet. Dies ist der Freudengesang des Osterfestes, der ersten Baumblut, ehe die Stier-grünen Blätter sprießen.

Stier

Die zur Tagundnachtgleiche über die Nachtkraft triumphierende Tagkraft, die in jugendlicher Sehnsucht nach Selbstverwirklichung durch das Widderzeichen stürmt, verwandelt sich in Stier und wird ruhig und beharrlich. Sie stellt ihren – oft nur gegen Geister oder Windmühlenflügel anstürmenden – Kampf um das Privileg ein, ihre Energie als Personalität zu veräußerlichen. Sie sucht sich in greifbarer Form zu beweisen. Sie wünscht Erfolg zu haben und macht dabei die Erfahrung, daß Erfolg sich nur durch Wiederholen einer Bemühung einstellt, durch geregelte Bewegungen, Ausdauer und Beharrlichkeit, durch unbeirrte Anstrengung. Ferner macht sie die Erfahrung, daß nur durch engsten Umgang mit dem Stoff Erde konkrete Ergebnisse von der Art hervorzubringen sind, die dem Reifen der menschlichen Personalität entsprechen. In Stier ist deshalb zu beobachten, wie die Tagkraft auf das Stoffliche eines Organismus einwirkt und den Boden, den die Menschheit darstellt, so bearbeitet, daß er Frucht trägt.

Stier ist die auf die Widder-Aktion folgende Reaktion. Nach der wesensgemäßen inneren Unsicherheit des Widders – aus welcher der Widdertyp oft eine Tugend zu machen versteht – kommt der Stier mit seinem Schauspiel betitelt »Sicherheit«. Der Pionier mit seinem Instinkt weicht zurück und macht Platz für den Siedler mit seinem Organisationstalent. Die Energie verwandelt sich in Macht – die ungebundene Bewegungsfreude trifft auf einen Widerstand, auf Material, worin und wogegen sie sich nun zu bewegen hat. Die ungehemmte Bewegung des Widders wandelt sich in Stier zu durch gesteckte Ziele erweckten Emotionen. In Widder strömt universales Leben durch ein jugendliches Ego, das nach individueller Selbstheit strebt. In Stier vermengen sich die Kräfte der Tradition, der Gewohnheiten, der Trägheit der Materie, mit jener oben beschriebenen unselbstischen, halbbewußten Energieausschüttung: so entsteht eine Drehbewegung, aus der eine klare Personalität, ein begrenztes Schicksal erwächst.

Der Widder handelt gradlinig, der Stier in einer Kreisbewegung, die Zwillinge vereinigen dann diese beiden Bewegungen durch die Spirale. In der Geometrie kann eine gerade Linie stets als Tangente zu einem Kreis verstanden werden. Dabei wird die Wirkung einer Kraft gezeigt, die der geschlossenen Kreisbewegung entstrebt.

So wird auch die geschlossene Kugelform des Samens durch das Keimen aufgebrochen. Widder (die keimende Saat) bedeutet also Aufbruch durch tangentiale Bewegung, woraufhin der Stier aber die Tangente zurückbiegt zu einer kreisförmigen Umlaufbahn, um damit einer explodierenden Kraft Einhalt zu gebieten, die sich sonst als ewiger, in den Raum auslaufender Energiestrom erschöpfen würde.

Widder und Stier sind komplementäre Werte, aber nicht etwa im gleichen Sinne wie Widder und Waage, die noch dazu einander entgegengesetzte Pole bilden. Widder und Waage sind einander prinzipiell entgegengesetzt, wirken in entgegengesetzten Richtungen: der Widder bewegt sich auf die maximale Tagkraft zu, die Waage in Richtung der wachsenden Nachtkraft. Dagegen ist ein gemeinsamer Wesenszug von Widder und Stier, daß die Tagkraft ansteigend ist, nur daß sie sich in Widder als gradlinige Handlung ausdrückt, weil es ihr Hauptproblem ist, die Nachtkraft ganz zu überwinden. Nachdem die Nachtkraft endgültig überwunden ist, erhebt sich die notwendige Forderung nach Stabilisierung und freiwilliger Beschränkung: das sind die Aufgaben des Stiers.

In Widder wird Aktivität um der Aktivität willen gesucht. Es herrscht der Wille zur Freiheit, es herrscht Furcht vor Bindungen, man identifiziert sich mit seinen ersten Eroberungen, ist beweglich und systemlos. All das führt notwendigerweise zur Zersplitterung der Kräfte, zu dem herben Erleben, daß »alles« vergeblich ist, daß einem das Leben wie Sand durch die Finger rinnt. Daraus erwächst das Bedürfnis, die *Kraftströme zusammenfließen* zu lassen. In Stier wird dieses Bedürfnis erfüllt, nicht dadurch, daß er der Richtung der Tagkraft des Widders unmittelbar entgegenwirkte, sondern einfach, weil der Stier diese Richtung etwas ändert, indem er neue Ziele und Zwecke wahrnimmt.

Der Unterschied zwischen der Energie des Widders und der des Stiers ist ein Unterschied der Zwecke. Beide

Energien haben die gleiche Richtung, sind tatsächlich nur eine Energie, welche nach Erreichen eines bestimmten Zieles in Widder dann in Stier danach sucht, eine neue Entwicklungsphase zu erfüllen. *Zweck und Ziel ist bei Widder dynamisch, bei Stier organisch.*

Wenn irgendwo auf der Erde eine Säure ein Metall korrodiert, ist das ein desintegrierender *dynamischer* Vorgang. Wenn aber die Salzsäure im menschlichen Magen Proteine verdaut, tut dabei eine *organische* Funktion ihre Wirkung. Mit anderen Worten: die Magensäure erfüllt eine Funktion eines Bedürfnisses eines organischen Ganzen, nämlich des menschlichen Leibes. Die Magensäure wird dabei in ihrer Wirkung mehr oder weniger genau gesteuert. Freie Säure dagegen korrodiert alles, was sie berührt. Rein an sich hat die Säure aber keine spezielle Funktion in organischen Einheiten.

Der Widdertypus handelt. Sein Handeln ist sich selbst Rechtfertigung, er empfindet dabei einen schicksalhaften Zwang. Doch ist das alles dem Widdermenschen selbstverständlich, *sein Bewußtsein* ist befriedigt von seiner reinen Aktivität. Für den Stiertypus dagegen ist jede Handlung ohne Ziel und Zweck sinnlos. Eine Handlung muß in einem Zusammenhang stehen. So herrscht in Stier der Zwang zum Handeln in irgendeinem Zusammenhang, in Widder dagegen herrscht der Zwang zum Handeln rein an sich. In Stier muß jede Handlung funktional sein gegenüber dem Organismus, dessen Zwecken sie dient.

Sex zum Beispiel ist dem Widdertypus eigentlich nur eine Selbstbefreiung durch Handlung, ist in sich selbst gerechtfertigt als erregende Aktion, als Wirken einer sich entladenden Kraft. Für den Stier jedoch ist Sex Vorbedingung, um ein bestimmtes Ergebnis, normalerweise ein Kind, zu erzielen.

Produktion ist ein Schlüsselwort des Stiers. Alles, was der Stier anfaßt, muß produktiv sein, wenn er es überhaupt als erheblich betrachten soll. Produktion jedoch beruht auf Beherrschung der Grundkräfte des Menschen und der Erde. Der Widder sucht vorhandene Kräfte auszulösen, der Stier jedoch besteht darauf, die Kräfte produktiv zu machen, *er nutzt* die Kräfte des Widders aus. Produktive Kraft, beherrschte und gestaltete Kraft, das ist Macht. Also ist Stier ein Machtzeichen des Tierkreises, eines der vier großen Momente des Jahreskreises, an denen das Leben entschieden und schöpferisch wirkt, mit den Vorzeichen der Macht und des Zweckes. Im Jahreskreis, dessen beide Achsen die beiden Tagundnachtgleichen und die Sonnenwenden sind, ist bei fünfzehn Grad Stier ein 45°-Punkt, die drei entsprechenden anderen Punkte sind bei Löwe 15°, Skorpion 15° und Wassermann 15°. Diese Punkte sind Tore, denen Macht und Zielbewußtsein entströmen und die auch als solche erlebt werden. Es sind alchemistische Punkte. Die entsprechenden biblischen Symbole sind: Ochse, Löwe, Adler, Engel.

Stier ist die Gute Erde, die Gütige Mutter, ist als weibliches Tierkreiszeichen anzusehen. Merkwürdigerweise ist ihr astrologisches Zeichen aber trotzdem der Stier, kein weibliches Tier. Was als Warnung anzusehen ist, die passiven und rezeptiven Eigenschaften dieses Tierkreiszeichens nicht zu überschätzen. Dieses Zeichen steht nicht nur für die Vorherrschaft der Tagkraft und als Symbol für zweckgerichtete Entschlossenheit, es steht auch für eine aus den Tiefen der ungeformten Materie aufbrandende Macht, die immerfort jene höhere Ebene zu erreichen sucht, auf der das elementare Bewußtsein in jedem Organismus der Natur zu wirken vermag. Das ist die Gute Erde!

Doch was wir so bezeichnen, ist nur eine hauchdünne Deckschicht auf der Oberfläche der Erde, jene Schicht, die es vermag, Pflanzen und Bäume hervorzubringen und zu tragen. Das ist der – vielleicht nur wenige Zoll tiefe – reiche schwarze Boden, ohne den auf Erden kein Leben sein könnte.

Diese Oberflächenschicht ist die Begegnungsstelle für die Erdschwingungen mit den Sonnenstrahlen. In ihr wird die Erde durch die Kraft der Sonne fruchtbar gemacht. Auf ihr werden alle lebenden Organismen geboren, in den seichten Gewässern der See oder im Humus, der die dünne Oberschicht der Erdoberfläche bildet. So reicht alles Leben auf unserem Planeten lediglich hauttief. In gleicher Weise sind es bei uns Menschen unsere Haut und spezialisierte Bereiche derselben, die Sinneswerkzeuge, durch die wir unser gesamtes Erleben aus der Außenwelt einvernehmen. So ist auch das Reich des Bewußten nur die alleroberste Schicht des ungeheuer tiefen Unbewußten, und unsere mit dem Begriff Intellekt bezeichneten rationalen und analytischen Fähigkeiten wiederum sind nur die allerletzte, oberste Entwicklungsstufe des menschlichen Bewußtseins. Der Intellekt – die höchste Entwicklungsstufe unserer bewußten Fähigkeiten, die wiederum die höchste Entwicklungsstufe des menschlichen Geistes bzw. der menschlichen Intelligenz sind – gibt seine eigentlichen Möglichkeiten erst dann zu erkennen, wenn das Zwillingezeichen erreicht ist. Dieser Frühlings-Herbst der Zwillinge wird jedoch schon weitgehend vorbereitet durch den Stier-Boden, aus dem er emporwächst, und durch die befruchtende Kraft des Widders, welche diesen Boden Frucht tragen läßt.

Stier ist die Lebens- und Erlebensphase, in der die wachsende Evolution am stärksten konzentriert ist und am lautesten spricht. Stier ist der Erde fruchttragende Oberfläche, Oberfläche jedoch auch im Sinne der vom *élan vital* höchsterreichbaren Ebene. Über diese Oberfläche hinaus erheben sich die Pflanzen noch höher hinauf, um zur Sonne zu gelangen und die Alchemie des Lichts zu vollziehen. Die Erde streckt sich empor mit ihren Bäumen, deren Chlorophyll die Strahlung der Sonne einfängt. Im Laub wird die Energie der Sonne chemisch fixiert und *nutzbar gemacht* zur weiteren Evolution auf unserem Planeten. Tiere verzehren das Laub der Bäume, deren Stämme zerfallen und zu Kohle werden. Die Bäume kondensieren die Feuchtigkeit der Luft und tragen dazu bei, daß befruchtender Regen fällt. Der Regen läßt Flüsse und Wasserfälle entstehen, aus denen sich wiederum elektrische Energie erzeugen läßt.

Alle Macht und Kraft dieser Erde beruht letzten Endes auf dem chemischen Wirken der grünen Pflanzen und ihres Chlorophylls, dessen chemische Zusammensetzung fast identisch ist mit dem der roten Blutzellen. Grün und rot: zwei Pole – Stier und Widder. Der erstere gibt den lebendigen Organismen Kraft, der letztere erzeugt im Menschen – nach einem weiteren Prozeß – das bewußte Denken – denn ohne rotes Blut kommt auf der Erde kein bewußtes Denken zustande. Widder bedeutet göttliche Heimsuchung, das Herabsteigen von Kraft – Stier aber besitzt die Materie zu jedem neuen evolutionären Fortschritt, denn Stier ist das Symbol für jene Kraft, die unermüdlich neue Organismen schafft. Der Tenor des Stiers ist aus der Tiefe aufsteigende evolutionäre Erfüllung.

Weil in Stier alle Lebensenergien durch die Wunsch- und Willenskraft der Sonne ans Licht gelangen, findet das Stier-Individuum die Quellen seiner Kraft in der Tiefe seines rassischen Unbewußten, und deshalb identifiziert er sich im tiefsten Grunde mit dem der Rasse, der er entstammt. Er bemüht sich sein Leben lang, sein bewußtes Zweckstreben jenem überlegenen Willen anzugleichen, der ihn von innen her zur nächsten Evolutionsstufe lenkt. Die äußeren Manifestationen dieses unpersönlichen, instinktmäßigen, bzw. kosmischen Willens mögen Verzögerungen erleiden, können aber kaum ganz aufgehalten werden.

Daher die Entschlossenheit, der standhafte Eigensinn und die starre Zweckgerichtetheit des Stiergeborenen. Diese Eigenschaften führen oft zu einem Besitzdenken. Die besitzergreifende Art des Stiers ist das Ergebnis eines tiefinneren Bedürfnisses, das einfach zufriedengestellt werden *muß*. Der Mensch oder Gegenstand, der dieses Bedürfnis stillt, erhält einen solchen Wert, daß diesen Wert zu erwerben dem Stiergeborenen unerläßlich erscheint. Er wird dabei hauptsächlich an den Nutzen denken, den ein Mensch, eine Situation oder eine Beziehung *ihm* bringen wird. Doch dies braucht kein Zeichen von Selbstsucht zu sein, ist eher der Niederschlag der hochwichtigen Erkenntnis, daß eine Erlebnistatsache keinen Sinn hat, wenn sie keinen klaren Zweck erfüllt. Dort, wo ein Ding eine zweckgemäße Funktion erfüllt, gehört dieses Ding hin und soll dort verbleiben.

Im Stier-Stadium ist die Personalität noch nicht gefestigt. Doch ist dieses Gefühl für Nutzen und Zweckgerichtetheit die Grundlage, auf der eine gefestigte Personalität zur Reife gelangt. Eine – wenigstens relative – Selbständigkeit ist die Grundlage der Personalität. Stier gibt Sinn für Selbsterhaltung, auf welcher Grundlage sich dann die Selbständigkeit aufbaut. Daher die Verwandtschaft zwischen Krebs, dem Zeichen, in dem der Mond herrscht, und Stier, in welchem der Mond erhöht ist. Zweckvolles Erzeugen (Stier) ist die Vorbedingung für einen Nestbau (Krebs). Jedoch muß die schöpferische Energie (Widder) dazu gebracht werden, einen solchen Zweck zu akzeptieren. Dies ist das Werk der Zwillinge, die Beziehungen knüpfen und Ideale aufstellen, also jene Netze knüpfen, in denen der freie Widder sich fängt.

In Stier wirkt die Nachtkraft wohl auch, doch noch stärker entrückt als in Widder. Der Stiermensch, der mit unbeirrbarer Zweckbestimmtheit seinen Unterhalt von außen einheimst, um seine Personalität oder seine Familie zu untermauern und zu verwirklichen, hat wenig Raum in seinem Bewußtsein für die stark geschwundene Nachtkraft. Diese ist aber immer noch wirksam, entweder im Unterbewußtsein oder in der Beziehung, die der Stiermensch zu den weiten Perspektiven des kollektiven Unbewußten hat. Die Nachtkraft manifestiert sich als eine besondere Art von Rausch oder Trunkenheit aufgrund einer irrationalen oder überrationalen Identifikation mit einem mystischen Sinn und Zweck, aufgrund eines Gefühls, es sei einem Macht und Kraft einer unsichtbaren Gemeinschaft verliehen. Daher das Gefühl, ein Prophet, Heilsbringer, Erlöser, ein Avatar zu sein: ein Sprachrohr des Göttlichen.

Dies kann sich in geringen Dingen, aber auch auf gewaltige Weise ausdrücken, kann einmal Täuschung, ein andermal Wirklichkeit sein. Allein an den Früchten wird zu erkennen sein, welche der beiden Hypothesen zutrifft. Stier ist das Zeichen, in das das Pfingstfest fällt. Den Menschen werden transzendente, überbewußte, irrationale Kräfte verliehen. Die Gabe, in Zungen zu reden, ist ein Symbol dieser Irrationalität, oder eher noch Über-Rationalität jener Kräfte – denn der Gebrauch einer bestimmten Sprache gilt stets als das vollkommene Symbol dafür, daß das rationale Denken funktioniert.

Gemäß einer Tradition – die symbolisch oder als buchstäbliche Tatsache aufgefaßt werden mag – war jedesmal Mai-Vollmond (im Stierabschnitt des menschlichen Erlebens), als Gautama Buddha geboren wurde, als er seine innere Befreiung erlebte und als er starb. Der Sinn dessen ist, daß Gautama – vom Gesichtspunkt der okkulten Weisheiten gesehen – als die höchste Blüte der *menschlichen* Entwicklung betrachtet wird, als die erste Erscheinungsform für den höchsten Bewußtseinstypus, den einem *auf dieser Erde geborenen* menschlichen Wesen zu erreichen möglich ist. Göttliche Manifestationen, ob nun vor oder nach ihm, mögen größere Persönlichkeiten gewesen sein, aber nur deshalb, weil sie Abkömmlinge göttlicher Macht, nicht aber, wie Gautama Buddha, Gipfel des menschlichen Bewußtseins waren.

Als Gautama in Indien lehrte, befand sich das Sternbild Plejaden am Ende des Tierkreiszeichens Widder. Viele Seher und Astrologen in der Vergangenheit haben behauptet, daß die Plejaden die Mitte des Universums unseres menschlichen Erfahrungsbereiches bilden. Wenn das zutrifft, entspringen dieser Mitte unversiegbar die Kraft und die Liebe, die unseren ganzen Evolutionszyklus beleben und integrieren. Widder ist ja, symbolisch gesehen, der Urquell des sich manifestierenden Lebens, doch der Stier, dem seit Christi Tagen von den Plejaden Kraft zufließt, ist der stetig strömende Fluß, dessen Materie die Menschenmengen mit lebendigen Wassern stillt. An seinen Ufern sind große Städte erbaut worden, die Zivilisation wächst und reift, und die Menschen suchen das bleibende Geheimnis, das keiner Veränderung unterliegt – das das Weltall trägt und erleuchtet.

Zwillinge

Mit dem Zwillingezeichen sind wir bei der letzten Phase des Frühlingserlebens angelangt. Die Tagkraft, die wir in jugendlichem Überschwang wie einen Bergbach (Widder) einherrauschen und -quirlen sahen, hat in Stier eine ruhigere Fließebene erreicht, in der die Arbeit des Menschen Früchte trägt. Die dynamische Kraft der Natur hat sich in organische Kraft, in angewandte Energie verwandelt, die eine Funktion im Lebenshaushalt erfüllt. Der junge Mensch ist seiner ersten Liebe begegnet. Er hat gelernt, seine eigenen Wege zu gehen und sich als Einzelwesen innerhalb der Familie durchzusetzen. Er hat gelernt, die ihm aus seiner Tradition zuwachsenden Urväterkräfte in einigermaßen verarbeiteter Form auszudrükken. Er identifiziert sich jetzt mit der Aufgabe, seine gesellschaftlichen Fähigkeiten zu erweitern, einschließlich aller Beziehungen in und außer sich. Sein ganzes Wesen verlangt jetzt lebhaft nach Ausdehnung seiner Erlebnissphäre. Während seines Studiums, seiner Ausbildung hat der junge Mensch vollauf Gelegenheit, vielerlei Kameraden zu begegnen, neue Gedankenwege zu erforschen, und auch an sich selbst unbekannte Züge wahrzunehmen, indem er die Kraft seiner Gefühle über eine Vielzahl von unbekannten Gegenständen und Personalitäten verstreut.

Während der Zwillingezeit ebbt die Nachtkraft aufs äußerste zurück. Sie vertritt jetzt die Macht des Familienschoßes, der kollektiven Traditionen, aller jener feinster Fesseln der Lebensgewohnheiten, welche den jungen Menschen noch festhalten, ihn, der so eifrig danach strebt, sich aller denkbaren Bindungen an die Vergangenheit zu entledigen – in denen er nichtsdestotrotz weiterhin wurzelt. In der Regel wird er es ablehnen, solche Bindungen anzuerkennen, doch ist sein heiter-kaltschnäuziges Unabhängigkeitsgefühl meist nur die negative Reaktion gegen alle Dinge, die ihn in der Tiefe seines Unterbewußtseins festhalten. Der junge Mensch erwirbt sich eine illusorische Freiheit *gegenüber* dem vorväterlichen Kollektiv. Echte Freiheit dagegen erlangt derjenige, der nach bewußter Pflichterfüllung jetzt frei *von* jedem Zwang die damit verbundene Beziehung als innerliche Stärkung aufrechterhält. In Zwillinge ist die Nachtkraft also fast ausschließlich negativ. Verkehrt wirkend, ruft sie mehr oder minder feine psychische Komplexe im jungen Menschen hervor, die dieser, ohne etwas von ihrem Vorhandensein zu ahnen, unbewußt auf die empfindliche Platte seines späteren eigenen Familienlebens projiziert.

Doch der junge Mensch hat keine Zeit, sich mit seinen Komplexen zu beschäftigen oder den Weg zu analysieren, den er einschlägt im starken Wunsch, sich aus den verhärteten Familienfesseln zu lösen. Er wünscht, neue Bereiche zu erobern, ohne dabei zu beachten, ob ihm auch die Mittel zur Verfügung stehen, seine bislang noch unsichere Personalität mit einer großen Zahl neuer Faktoren in Verbindung bringen zu können. Das rein biologische Rohmaterial seiner assoziativen Aktivitäten setzt sich zusammen aus Eindrücken, Nervenreizungen, aus unmittelbaren Reaktionen auf Einwirkungen auf die Sinne und das Bewußtsein. Geistig gesehen sind das Arbeiten des Gedächtnisses, das Vergleichen und Analysieren und das Formen von durch Worte ausdrückbaren Vorstellungsbildern alles Phasen einer Aktivität, die der Intellekt durch den Gebrauch der Sprache entwickelt. Dieses Entwickeln der Sprache geschieht zunächst in der Sphäre der nächsten Umwelt, in welcher der Mensch dauernd angesprochen wird und sich durch die Sprache mit einer wachsenden Anzahl von menschlichen Charakteren in Beziehung setzen muß.

In Zwillinge sehen wir die Sprache in ihrem Anfangsstadium, denn der Geist entspringt der schöpferischen Leidenschaft der Tagkraft in der Frühlingszeit. Wir sehen den Dichter, den Künstler, wie er sein Selbst in Worten ausdrückt aus reiner Freude daran, an seiner eigenen Personalität zu bauen, durch diese Ausweitung und durch das Ausprägen bestimmter Erlebnisse, die ihm durch seine Beziehungen zuteil wurden – wir sehen den Dichter, noch nicht den Philosophen. Diese Worte wurzeln vorwiegend in Bildern des Lebendigen, in persönlichem Erleben, suchen kaum nach universalen Bedeutungen, wie sie durch gesellschaftliche Erfahrungen (Schütze) erschließbar sind.

In Schütze dagegen wirkt die Nachtkraft mit großer Intensität und drückt sich hier, wie stets, dadurch aus, daß sie viele und voneinander entfernte Faktoren durch *Verallgemeinerung* in sich versammelt. In Zwillinge jedoch, wo die Tagkraft sehr kräftig wirkt, geht die Grundtendenz in Richtung *Spezialisierung* und *Personalisierung*. So hat der in Zwillinge erlebte Vorgang der lebensvollen Ausweitung damit zu tun, Einzelheiten der konkreten Erfahrungswelt auszuweiten. Das Ziel einer solchen Ausweitung ist der Aufbau der Personalität und die Gründung eines eigenen Hausstandes (Krebs) als Operationsbasis für die Personalität.

Auf den komplexeren Ebenen der geistigen Entwicklung manifestiert sich die Zwillingekraft durch ein heftiges Streben nach einem Einteilen, Ordnen, Numerieren, nach Logik, d. h. nach Strukturvorbildern für Assoziationen. Der mit der Energie der Tagkraft geladene Mensch kann von der Komplexität seines persönlichen Erlebens überwältigt werden. Da ist so viel, was empfunden, berührt, vage wahrgenommen wird. Die Welt ist so voller Blüten, die Nächte sind so funkelnd, das Feuer des Selbst flammt auf in solch verworrenen Verwirklichungen des Lebens, daß um jeden Preis eine klare Ordnung entwickelt werden muß, damit die knospende Personalität nicht allein durch die Sprengkraft ihrer eigenen Ausweitung zerrissen werde.

Zwillinge müssen also einteilen, einordnen, müssen die Vielfalt der wahrgenommenen Dinge in vorgegebene Kategorien zwängen, müssen Worte erzeugen, um mit ihrer Hilfe den Duft flüchtiger Erlebnisse festzuhalten. Zwillinge müssen das Wesen der menschlichen Kontakte, das sich eigentlich jedem festen Zugriff entzieht, in Schemata zwingen. Zwillinge brauchen Leitlinien, um Bezugssysteme benutzen zu können, brauchen Ordnungsregeln für ihre Aktivitäten. Die von den Zwillingen entdeckten einander entgegengesetzten Pole wie z. B. Gut und Böse, Recht und Unrecht kommen ihnen höchst gelegen als Leitsysteme, nach denen sie ihren Kurs steuern können. Die Zwillinge symbolisieren die sich zu kosmischen Wesen verdichtenden persönlichen Gefühle. Zwillinge müssen alles veräußerlichen. Und siehe da – die Welt bevölkert sich mit Göttern und Naturgeistern, mit Dämonen und Meistern. Sie alle bestehen aus Worten, sind Projektionen von ordnungsgemäß klassifizierten Erfahrungen, die mit Namen belegt wurden – Namen, welche eine ungereifte Personalität abschirmen gegen die Schrecken unerwarteter Erlebnisse und Verwandlungen. Diese Namen sind auch insofern sehr nützlich, als sie dem Menschen das Gefühl der Sicherheit geben, daß sie auf vertrautem Grund und Boden stehen. Namen sind Lebensstützen.

Diese Suche nach persönlicher, intellektueller Sicherheit inmitten eines stets wechselnden Stromes von Erlebnissen zeitigte auch die Logik der Griechen, den Syllogismus, die klassische europäische Wissenschaft im Sinne von Descartes. Nachdem der Mensch anstelle von instinktmäßigen autonome Denkformen ausgebildet hatte, sah er sich versetzt in ein unbekanntes Reich mit psychischen Vielschichtigkeiten und mit in Blitzesschnelle wirkenden geistigen Transformationen. Wer konnte die vergänglichen Gedanken festhalten? Wer fürchtete sich nicht vor den fremdartigen Streichen des menschlichen Geistes, dessen gefährliche Eigenschaft, zweifeln zu können, ihm den Namen »Mörder der Wirklichkeit« eingetragen hatte?

So wurde die Logik aufgebaut – ebenso wie »Gut und Böse« – um dem Menschen mehr Sicherheit zu geben inmitten des von der Tagkraft herbeigerufenen verwirrenden Erlebnisstromes und eines sich stets neu verlagernden Dranges nach neuen Dingen, Empfindungen, Gefühlen, nach neuen Aufregungen, neuen Träumen. Diese Begriffe wurden ursprünglich aufgebaut für jene Menschen, die den Weg bahnten in die neu eröffneten Bereiche persönlichen psychischen Erlebens, Bereiche, die sich bald mit Schutzmaßnahmen und *Tabus* anfüllen sollten für die Unvorsichtigen und die Schwachen. Die Götter und der Syllogismus, die Meister und die Algebra existieren seither als notwendiger Schutz für jene Menschen, die sich in ihrer eigenen Identität so unsicher fühlen, so dicht sind am völkisch-biologischen Ursprungsschoß der kollektiven Instinkte, so leicht beeinflußbar vom Rauch des Blutes, daß die Gefahr eines Zusammenbruchs ihrer Personalität stets im Schattendunkel ihrer Psyche lauert.

Systeme und Techniken mit ihren erhärteten Besonderheiten entsprangen diesem Bedürfnis des Menschen, genauso wie auch alle Mythen. Das Entstehen einer vollkommenen und freien individuellen Personalität ist ein so bedeutsames Geschehen in der Evolution des Weltalls, daß jede Phase dieses Entstehens sorgfältig vorbereitet werden muß. Worte sind Sicherheitsvorrichtungen, sie übersetzen Unbekanntes in kollektive Normalität. Ethische Systeme und die Logik setzen Grenzen, hinter denen als ständige Drohung für zu wagemutige Menschen die Katastrophe lauert. Alle diese Strukturen entwickeln sich als soziale Faktoren eigentlich erst während der Schütze-Phase des Zyklus, doch schon in Zwillinge *muß* der Mensch als Individuum diese Faktoren vorläufig erschaffen. Der Mensch entwickelt diese Strukturen aus einem lebensnotwendigen persönlichen Bedürfnis und mit der ganzen Lebhaftigkeit seiner durch neue Verbindungen aufgerührten Vorstellungskraft, Verbindungen, die er nur zu verkraften und mit früheren Erlebnissen in Beziehung zu setzen vermag, wenn diese Faktoren Namen haben; und er erschafft sie als Dichter. Ursprünglich ist ja jeder Dichter ein »Zauberer«.

Der Zwillingemensch ist ein Namensverleiher, also der Zauberer, der die Naturkräfte beherrschen kann, indem er ihre wahren Namen ausspricht. In alten Machtworten, in Zaubersprüchen und magischen Formeln begegnen wir den ältesten Formen der Dichtung. Zeitlich gesehen, entspringt alle Kultur diesem ersten Versuch, mit Zuversicht und festem Willen dem Unvertrauten, dem geheimnisvollen Wesen der Nacht zu begegnen. In Zwillinge spürt der Mensch bereits die aufsteigende Flut der Nachtkraft. Er weiß, daß er sich ihr stellen muß. Er bereitet sich ein Haus, um das Fremde, das zugleich das geliebte Wesen ist, aufnehmen zu können. Die Personalität in ihrer ganzen Fülle kann nur aus einem solchen Begegnen erwachsen. Jedoch birgt diese Konfrontation so gefährliche Möglichkeiten für das Selbst, daß die Nachtkraft eingegrenzt und mit immer mehr Namen und *Tabus* eingeschlossen werden muß, wie zum Beispiel Heirat, Hausstand, Einehe, und all den sozialen und ethischen Vorschriften um dieses Begegnen des Selbst mit dem

Anderen. Und doch ist die von den Zwillingen empfundene Unsicherheit anders beschaffen als die der Widderperiode. Es ist nicht mehr jene vage Angst, man könnte zurückverfallen in die Vergangenheit, sondern die ganz konkrete Erkenntnis, daß bleibende Strukturen und Formulierungen errichtet werden *müssen*, weil sonst das gesamte Erleben verloren geht und die Personalität sich zersplittert in zahllose unzusammenhängende Reaktionen auf all die wechselnden Erfahrungen.

Ein volles Verständnis für das, was sich ausdrückt durch die Aktivitäten innerhalb der Zwillings-Phase des menschlichen Erlebens kommt nur aus dem klaren Wissen um die beiden möglichen Formen der organischen menschlichen Beziehungen. Denn während der Zwillingsphase neigt der Mensch dazu, sein Bewußtseinszentrum von der ersten Beziehungsform auf die zweite zu verlagern, und so können jene gewissen, für Zwillinge typischen, psychischen Probleme entstehen.

Die erste Form der menschlichen Beziehungen gehört dem Stier-Bereich an. Es ist eine *Erd-Beziehung* und ist symbolisiert dadurch, daß alle aus der Oberflächenschicht unseres Planeten wachsenden Pflanzen im gleichen Boden wurzeln. Da die ganze Erde von ein und derselben, auch unter den Weltmeeren zusammenhängenden Erdkruste überzogen ist, haben alle Pflanzen durch ihre Verwurzelung Verbindung miteinander. Die Fichte in den Rocky Mountains, die Pinie im Staate Georgia und die Eiche der europäischen Gebirge – sie entsprießen alle der gleichen Erdenschicht. Diese Gemeinsamkeit ist das charakteristische Merkmal für die unter das Stierzeichen fallenden Beziehungen: Verbindung durch die Wurzeln des Seins (physische Kontakte, Speisen, Sexualität, etc.) – Beziehungen in Form gemeinsamer Bindungen an die Erde, im allgemeinen an den Faktor der auf allen denkbaren Ebenen früchtetragenden Materie.

Die zweite Form einer vereinigenden menschlichen Beziehung ist *Verbindung durch die Luft,* durch die gleiche Luft, die von allen lebenden Organismen eingeatmet wird – seien es nun Pflanzen, Tiere oder menschliche Wesen. Wir alle vereinigen uns tatsächlich alle ganz konkret mit jedem atmenden Organismus, denn so einzeln und stolz wir uns auch vorkommen, wenn wir im Gefühl unserer Überlegenheit und Vornehmheit die Park Avenue entlanggehen: ob wir wollen oder nicht, wir ziehen in unser Allerinnerstes (Lungen und Blut) genau die gleiche Luft ein, die in den nahen Slums einen Augenblick vorher einer jener furchtbar schmutzigen Stadtstreicher, eine Prostituierte oder ein Verbrecher eingeatmet hatten. Wir würden nicht daran denken, uns mit diesen Leuten jemals im selben Raum aufzuhalten, jedoch die Luft, die sie ein- und ausgeatmet haben, befindet sich jetzt in unseren Lungen. Dieser Verbindung können wir nicht entkommen, denn das würde unseren sofortigen Tod bedeuten. Der enge Kreis unserer bewußten Beziehungen zu anderen menschlichen Wesen wird auf diese Weise ganz gegen unseren Willen *erweitert* durch die Luft, die wir ein- und ausatmen.

Luft ist es auch, was uns bei unserer Hauptausdrucksweise, beim Sprechen, miteinander verbindet, denn der Ton pflanzt sich mittels Luftwellen fort. Luftwellen sind es, die uns unten in unserem Haus mit dem eine Meile über uns in der Luft schwebenden Flugzeug verbinden, wenn wir das Maschinengeräusch hören. Die Luft trägt uns die Pollen zu, die uns den Heuschnupfen bescheren. Wie dick auch die Wände der Festung sind, die wir um unser kostbares Ego erbauen, wie stolz und selbstsüchtig wir auch in unserem Isolationismus sind – die Luft lacht uns aus wegen unserer kindischen Einbildung und zwingt uns zur Verbindung mit den Dingen, denen wir zu entkommen wünschen. Luft ist deshalb das eigentliche Element, mittels dessen der Mensch eine wesentliche Erweiterung seiner Beziehungen erleben kann. Und die

Zwillinge sind ja bekanntlich das erste Luftzeichen im Tierkreis.

Lebhafte Erweiterung des Seins durch ständige Suche nach immer neuen Beziehungen: das ist das eigentliche Wesen des menschlichen Erlebens in Zwillinge. Auf biologischer Ebene begann diese Erweiterung, als im Bereich der lebenden Organismen die menschliche Hand auftauchte als ein neuer Faktor in der Evolution. Tatsächlich ist die – vom Zeichen der Zwillinge »beherrschte« – Hand das Ursymbol für den Menschen innerhalb des organischen Bereiches der Natur. Dadurch, daß er die Hand benutzte, wurde der Mensch zum Hersteller von Werkzeugen. Seine Erfahrungen vervielfältigten sich, als er mit Hilfe von Werkzeugen seine Umgebung zu beherrschen und verändern vermochte. Neue Assoziationen ergaben neue Formen für seine Beziehungen und führten zu zunehmender Verfeinerung seiner nervlichen Reaktionen und seiner Sensibilität. Von der Hand zu den Nerven und zum Gehirn: dies ist der von Zwillinge gesteuerte Vorgang einer Personalitätsentwicklung. Im Verlauf dieser Entwicklung entsteht der Mensch, der Denker – und der Nachkomme des Menschen, der Macher.

In Widder erlebt der Mensch das Denken nicht als begleitenden Vorgang zum Rohmaterial seiner persönlichen Erlebnisse. Er erfährt Ideen, die entweder von oben auf ihn herniederblitzen, oder die in ihm als aus der Vergangenheit stammender Same keimen, als Same, der aus der Phase des vorhergegangenen Zyklus stammt, als die Nachtkraft dominierte. Durch Stier senken sich diese Ideen, Inspirationen, Offenbarungen in die Materie der menschlichen Gefühle und der organischen Reaktionen. Nur in Zwillinge ist das Denken ein logisches, funktionales Geschehen aufgrund eines organischen menschlichen Verhaltens unter der Regie der Tagkraft.

Durch die Tagkraft gesteuertes Denken ist etwas ganz anderes als das in Schütze von der Nachtkraft dominierte Denken. Das Zwillinge-Denken hängt zusammen mit den Bedürfnissen der Personalität und wird von der Umgebung absorbiert. Ein solches Denken *ist gelernt.* Auf welcher Ebene das Denken des Zwillings auch stattfindet, es handelt sich um übertragenes Denken, ein Denken, das die während der Widder-Periode erlebten Impulse und Inspirationen konkret auszudrücken vermag. Es ist durch die Sprache zubereitetes verbales Denken. Der Zwillinge-Denker wählt aus der Schatzkammer vergangener Zivilisationen Worte und Konzepte aus, die er als Mittel für das Wachstum seiner Personalität benutzt. Er denkt *psychisch*, während der typische Schütze-Mensch *sozial* denkt. Und deshalb ist der Zwilling mehr Dichter als Philosoph. Er baut mit Worten, so wie Hände mit Ton, Steinen oder Holz bauen. Er baut, weil er persönlich durch dieses Erleben wachsen *muß*, weil er sich durch dieses Bauen darin übt, als eine autonome, logisch denkende Personalität wirken zu können.

Studienjahre, Lehrjahre: Jahre, in denen man sich neue Welten erwandert, in denen man durch eine Berührung, ein Lächeln angezogen oder abgestoßen wird, man zutiefst unsicher, aber doch zugleich aggressiv und bestimmt auftritt, und zwar umso härter, je weniger der Strom des Lebens ergreifbar erscheint durch Hand oder Hirn – man Symbole, Sinnbilder, Worte projiziert, um sich selbst zu vergewissern, daß man Wissender, daß man Meister sei – das ist die Phase der Zwillinge, das Eintreten in die weite Welt der menschlichen Gesellschaft, das Tor zum großen Erleben der Vereinigung mit dem geliebten Wesen.

Krebs

Mit der Sommersonnenwende wird ein Höhepunkt des Jahreskreises erreicht. Der längste Tag und die kürzeste Nacht fallen zusammen, die Tagkraft, die der Mittagssonne entströmte und triumphierte, schwindet nun langsam dahin, und die Nachtkraft beginnt zu wachsen. Der Sommer ist gekommen mit dem Glanz voller Genüsse. Doch Vollgenuß und Erfüllung zeitigen neue Erkenntnisse und Pflichten. Aus der Verbindung erwächst die Aufgabe, den aus der Verbindung erwachsenen Vorgang des Gestaltwerdens und Gewinnens zu lenken, erwächst vor allem die Notwendigkeit, die Expansion einzugrenzen, um diese Kräfte des Gestaltwerdens auf einen *möglichst klaren Mittelpunkt* auszurichten.

Das Tierkreiszeichen Krebs steht für das Prinzip, die schöpferischen Lebensenergien zu konzentrieren, eine Vorstellung oder einen Eindruck von größtmöglicher Klarheit und Dauer zu schaffen. So bringt dieses Tierkreiszeichen eine Trendwende gegenüber dem Vorgang der lebhaften Ausweitung des Seins aufgrund der in Zwillinge begonnenen neuen Beziehungen. So wie in Stier die Richtung der Tagkraft des Widders umgepolt wird, so in Krebs die Zwillinge-Energie. Stier und Krebs gelten als feminine Zeichen. Die Stier-Erde ist nötig, um das Widder-Feuer einzudämmen und zu beendigen. Das Krebs-Wasser kondensiert das luftige, alles durchdringende Wesen der Zwillinge.

Die Zwillinge suchen die gesamte Erlebniswelt nach neuen Beziehungen ab. Auch wenn sie Worte, Sätze und intellektuelle Systeme erbauen, tun sie dies mit einer gewissen Selbstvergessenheit, unbekümmert um das letztendliche Ergebnis. Alles, was Zwillingemenschen erreichen wollen, ist persönliche Sicherheit, dadurch, daß sie immer und ewig neue Kontakte schließen. Die Zwillinge suchen befristete intellektuelle Herrschaft durch verbale Formulierungen. Sie achten darauf, daß sie, so weit sie sich auch vorwagen, stets noch innerhalb vertrauter Strukturen verbleiben. So legt ein Zwilling niemals seine Brille ab, sondern behält sie auf, in welchem Land und in welcher Situation er sich auch befinden mag. Es ist ihm gleich, ob andere Leute die gleiche Brille tragen oder nicht, er will nur den Ruf haben, der Initiator einer besonders guten Brillenmarke zu sein, weil ihm das hilft beim Knüpfen neuer Kontakte.

In Liebessachen z. B. achtet der Zwillingemensch darauf, sich die Annäherung an das andere Geschlecht vorher klar definiert zu haben, um so den Schock zu vermeiden, von der Elementarkraft einer Liebe überwältigt zu werden. Er wird seine eigenen Reaktionen, die Frauentypen seiner Wahl in ein System bringen, während Liebesneugier und Liebeseifer ihn stets vorwärtstreiben zu neuen Horizonten. Wenn er sich darin gefällt, als ein Don Juan bekannt zu sein, dann nur deshalb, weil ein solcher Ruf ihn vielleicht rascher Kontakte knüpfen läßt. Es kann sein, daß der Zwillingemensch sich in seinem eigenen Formulieren und Katalogisieren, in seinen logischen Schlüssen und seinen Erwartungen völlig verfängt, doch ist er nur *persönlich* gebunden. Er besteht nicht darauf, daß andere Menschen sich den gleichen Ordnungssystemen unterwerfen, er kann tolerant sein und liebt fair play. Gleichzeitig ist er aber außerstande, den Standpunkt seines Gegenübers wirklich zu begreifen.

Zwillinge sind tolerant, doch ohne echtes Verständnis für andere, während der Schütze auch dort Verständnis haben kann, wo er höchst intolerant ist. Denn der Schütze kann voll Mitgefühl erkennen, wie ein bestimmter Mensch durch seine soziale Situation zu einer bestimmten Haltung kommt und wird dann diesen Menschen nicht verurteilen. Wenn er aber die Situation und die Haltung verurteilt, wird er wahrscheinlich mit extremer Intoleranz gegen die verursachenden *Ideen* vorgehen – wenn er auch dem diese Ideen vertretenden *Menschen* Verständnis und Sympathie zeigen kann.

In Krebs sind wir Zeuge, wie der Eifer, mit dem die Zwillinge immer weiter schweiften, plötzlich aufgegeben wird. Gewisse Grenzen sind erreicht, die Neugier auf neue Beziehungen ist aufgesogen durch ein Ereignis, das zu einer kompletten Wende der Vorwärtsbewegung führt. Die Sonne zieht nun nicht weiter nach Norden, nein, ab jetzt wird sie immer südlicher untergehen. Eine kurze Pause – und alle Dinge wechseln ihre Polarität. Die Tagkraft, die ihre maximale Intensität erreicht hat, wird ganz langsam zurückgedrängt von der matriarchalische Macht entfaltenden Nachtkraft. Wie weit das Leben sich auch ausgeweitet hat, jetzt trifft es auf eine definitive Grenze. Wenn diese Grenze aber noch weiter hinausgeschoben wird, dann auf einer anderen, nämlich der sozialen oder geistigen Handlungsebene, nicht mehr auf der physiologischen oder persönlichen Basis.

Was ist geschehen, um diese Wende zu bewerkstelligen? Ganz einfach, daß das individuelle Selbst dem Druck der universalen Lebenskraft nicht länger widerstehen kann und sich dem Universum und der Gesellschaft öffnen muß. Diese Öffnung kann theoretisch auf jede Weise geschehen, so wie es dem Bedürfnis des Individuums am ehesten entspricht. Sie geschieht ungehindert und in jedem Augenblick in einem Menschen, der einen bestimmten Integrations- und Freiheitsgrad erreicht hat, in einem Menschen, der sich befreit hat von den wachstumshemmenden Frustrationen und Verdrängungen, die ihm durch Eltern und Voreltern, ebenso durch die Geschichte eines Volkes, und – wenn man an die Wiedergeburt glaubt – auch durch die Vergangenheit der eigenen Seele zugekommen sind. Das heißt, diese Öffnung kann in einem Menschen geschehen, der sich befreit hat von unterbewußten sowie bewußten Erinnerungen.

Im Menschen der alltäglichen Gegenwart sind aber solche Erinnerungen, Frustrationen und Mißerfolge allzu in Stier völkisch-biologische Trägheit und Besitzdenken, intellektuell erhärtete Formulierungen in Zwillinge. Da ist in Krebs, wenn der Mensch sich der Umkehr seiner Lebenskraft bewußt wird, wenn universelles Leben ihn überflutet, wenn er konfrontiert wird mit der Notwendigkeit, am Leben der menschlichen Gesellschaft teilzunehmen, weil er mündig geworden ist, da ist diese Konfrontation dann in höchster Weise aufrührend. Irrationale, biologische, emotionale, religiöse Kräfte drängen aus dem Unbewußten und möchten fast das Bewußte überwältigen. Darum muß das Individuum geschützt, der Ansturm des Unbewußten muß in ruhige Bahnen geleitet und entschärft werden. Aus dieser Notwendigkeit heraus wurde die Ehe eingerichtet, entstand, was der Okkultist Einweihung oder Initiation nennt. Ein Ehepartner, Ein Initiator – obwohl doch das ganze Leben selbst Ehepartner oder Initiator sein könnte, wenn die Menschen nur so viel Integrationskraft hätten, daß sie nicht überwältigt würden von den ewig wechselnden Konfrontationen, die das Leben ihnen bringt, wenn die Menschen nur so bewußt wären, zu jeder Zeit und unter allen Bedingungen Mittelpunkt des universalen Lebens, Mittelpunkt Gottes zu sein. Und für den Mann bestünde nicht die Notwendigkeit, Frau und Kind zu haben, um ihm in ganz bestimmter Weise – und nur in dieser einen Weise – die Erkenntnis aufzuzwingen, daß sein Ziel und seine Erfüllung zu finden sind im Einlösen seiner *Verantwortung dem Leben gegenüber*, in bewußter Bereitschaft, Mittelpunkt zu sein, in dem und durch den das Leben selbst oder Gott zu sprechen vermag.

Gott kann durch den Menschen in Myriaden von Stimmen sprechen, jeweils in einer Stimme für die Not eines Augenblicks. Da aber der Mensch unter dem deformierenden Einfluß von Furcht, Trägheit und geistiger Kristallisation aufgewachsen ist, ist der Stein des Menschen noch kein klarer Kristall. Er muß noch geschliffen werden. Der Mensch muß lieben und leiden, muß sich niederbeugen zu einfachster Arbeit, muß Entbehrungen auf sich nehmen, Sehnsucht erleiden zwischen kurzen Glücksaugenblicken, muß sein Selbst aufgeben, um Ewiges Leben zu finden. Die Erfüllung jedoch, ihr Wesen und ihre Wirklichkeit, sind jetzt und hier. Nichts braucht aufgegeben zu werden außer Torheiten. Alles, was nötig ist, um zum Brennglas zu werden, welches das Göttliche konzentrieren kann, besteht darin, bewußt das zu werden, was man von Natur aus bereits *ist*, aber nun in klarer, schöner und wahrer Weise.

Ein Brennglas, um das Leben zu konzentrieren. Für den in diesem Abschnitt der menschlichen Entwicklung befindlichen Durchschnittsmenschen bedeutet Leben hier »Menschlichkeit«, es kann und wird sicherlich eines Tages »Göttlichkeit« bedeuten. Der Hausstand und die ach so menschliche Ehe sind als Möglichkeit erschlossen durch die Faktoren »Menschlichkeit« und »Gesellschaft«, durch die Erziehung, die dem Kind zuteil wird, durch elterliche Frustrationen. Durch eine anormale Entwicklung in der Kindheit und Jugendzeit kommt es, daß der junge Mensch sich an die Tagkraft anklammert. Er will immer nur weiter wachsen in einer ins Unendliche erweiterten Zwillinge-Phase. Doch sollte er sich willentlich und verstehend der zunehmenden Nachtkraft öffnen. So lautet die Lektion der Sommersonnenwende, des Krebses. *Es muß eine Umpolung stattfinden.* Heutzutage jedoch muß der Mensch zur Umpolung gezwungen werden. Die Menschheit muß dazu gezwungen werden, sich der Nachtkraft zu öffnen, dem Geheimnis des Raumes und der Bruderschaft der Sterne: das tut die Menschheit heutzutage aber nicht von allein, weder als Einzelmensch noch als Staat. Das ist unser heutiges Weltproblem.

Wie ist das Wesen solcher Zwänge? Es ist ein plötzliches Erwachen der im Blut ruhenden irrationalen, instinktmäßigen biologischen Kräfte, ein plötzliches Erwachen von »Gefühlen«, oder auch von übernatürlichen Visionen. Wir nennen so etwas »sich verlieben«; in der sozialen Sphäre nennen wir es heutzutage auch Massenhingabe an Diktatoren, die vom »Ruf des Blutes« sprechen – oder Massenhingabe an Propheten, die den Menschen in einer besonderen Form (daher Dogmatismus) die Offenbarung Gottes bringen. Dies sind verschiedene Aspekte des gleichen Vorganges im Einzelmenschen und in der Menschheit. Dieser Vorgang begleitet den Übergang von Zwillinge zu Krebs, begleitet jene Bekehrung, durch welche die Richtung der Lebenskraft umgekehrt wird.

Wir verstehen, daß es keine wilde, fanatische, erregte Bekehrung zu sein braucht. Das biologisch-emotionale oder religiöse Verlangen braucht das Bewußtsein nicht zu überwältigen. Doch *wird* es das gewißlich tun, wenn das Bewußtsein unfrei, das Ego verhärtet und unnachgiebig ist, oder auch verdorben ist durch Komplexe und äußeren Glanz. Und das ist – leider – fast überall der Fall. Daher haben wir in allen Bereichen einen organisierten und erstarrten Totalitarismus – eine erzwungene Einheit – als einen vielleicht unvermeidlichen Schutz gegen eine völlige Zersetzung, gegen moralische Zersetzung des Einzelnen, gegen Anarchie in der menschlichen Gesellschaft.

Nur wenige Menschen haben das Geheimnis des Krebssymboles, das Geheimnis der großen Krabbe verstanden! Es ist ein Wassergeschöpf mit rückläufigen oder seitwärts ausweichenden Bewegungen. Seine Evolution hat in jene Sackgasse geführt, die einen lebendigen Kern in harter Schale einschließt, in eine Schale, die – nicht zu vergessen – in jedem Zyklus für eine gewisse Weile abgeworfen wird! Es ist ein Geschöpf des *Meeres* – und das Meer symbolisiert stets das Kollektive oder vielmehr das *generische* Unbewußte, den universalen Mutterleib des Lebens.

Mit dem Krebs haben wir es mit einem genauso negativen Symbol zu tun wie mit dem Skorpion. Einen Schritt weiter, und wir suchen eine Verbindung herzustellen zwischen dem Krebs und der tödlichen Krankheit des gleichen Namens. Warum diese Betonung des Negativen? Weil die Alten, die Schöpfer der Tierkreissymbolik sehr wohl wußten, daß die wahre, positive, Gott freisetzende Bedeutung der Sommersonnenwende kaum jemals zu beschädigen ist. In der westlichen Welt müssen wir die Heilige Schrift der Christen aufschlagen, um Umfassenderes über die Sommersonnenwende zu erfahren, als von der Hochzeit zwischen Himmel und Erde, zwischen Christus und seiner Braut, der Menschheit: Christus zum Menschen verdichtet durch die Mystische Fleischwerdung. Doch in Indien – wenn wir nur die wahre Bedeutung des *Avatar* richtig verstanden haben, Ideen, die vermutlich der große Sankaracharya lehrte – er wurde geboren mit der Sonne in Krebs – in Indien, dort würden wir die wahre Bedeutung dieser Geburt des Sommers begreifen. Das mag uns auch helfen, unsere eigenen Vereinigten Staaten und unser potentielles Weltschicksal zu verstehen, da auch wir als Nation unter dem Krebszeichen geboren wurden. Und ist es nicht wirklich auch bedeutungsvoll, daß die heute meistgefürchtete Krankheit ebenfalls die Bezeichnung Krebs erhielt?

Besteht die höhere Bestimmung des Krebsmenschen darin, einen individuellen, in ganz bestimmter Weise eingerichteten und strikt geführten Hausstand zu gründen, oder besteht diese Bestimmung nicht vielmehr darin, als Mitte für eine neue Manifestation Gottes zu dienen? Erfüllt sich die Bestimmung der Vereinigten Staaten in einem engen Nationalismus, in Ehen, die durch einen verhärteten, komplexbeladenen Individualismus übel zerstört und in der Folge geschieden werden, oder ist – in diesen Zeiten, wo die meisten Staaten sich in Diktatoren und Blut-und-Boden-Totalitarismus »verliebt« haben – unsere Bestimmung nicht vielmehr, eine neue Mitte zu bilden für eine frische, weltumfassende Avatar-Kraft oder Christus-Kraft? Krebs kommt neun Monate vor dem nächsten Widder. Krebs ist das Symbol der Befruchtung – doch diese Befruchtung, wird sie göttlich sein oder rein menschlich? Krebs bedeutet, Mensch zu sein in einem von Gott durchtränkten Zustand, bedeutet, ein heiliger Ort, zu dem Gott niedersteigt, zu sein.

In der astrologischen Praxis wird die von Krebs gekennzeichnete Personalität so geschildert, als dominierten in ihr Stimmungen und übernatürliche Kräfte. Dabei wird nicht immer erkannt: diese übernatürlichen Manifestationen rühren davon her, daß die Lebenskraft des Menschen in das Bewußtsein einbricht, das dadurch mehr oder weniger in Unordnung gerät. Solche Einbrüche können vieles andeuten: von den Stürmen einer leidenschaftlichen Liebe bis hin zu den leiblichen Störungen in den ersten Wochen einer Schwangerschaft, von übersinnlichen Halluzinationen bis hin zu göttlich inspiriertem Sehertum, von flotten Lügen bis hin zu Avatartum. Dabei dürfen wir nicht das Zurückfahren vor diesem Einbruch der Nachtkraft vergessen, das Sich-Anklammern an eine bestimmte Form, eine bestimmte Ehe, eine bestimmte Gefühlswelt, Eifersüchteleien und Besitzdenken – all die Schatten der Integration eines Mannes mit einer Frau – die alle der Furcht entstammen, der entsetzlichen Angst davor, was eine Verlagerung des Mittelpunktes mit sich bringen könnte.

All das ist im Krebsmenschen enthalten. Er kann ein im höchsten Grade hilfloser, aber auch ein im höchsten Maße bestimmter Mensch sein, beides aber in seltsam stiller Weise. Und dies, weil in dieser Zeit des Jahres die Sonne sich sehr langsam bewegt, still steht. Es herrscht Stille. In dieser Stille ist das Licht sehr intensiv. Es ist dies die Zeit der längsten Tage. Und doch unterstellt die Astrologie diese Zeit der Herrschaft des Mondes und wartet ein weiteres Zeichen ab, um in Löwe die schöpferische Strahlkraft der Sonne zu verherrlichen.

Dies deshalb, weil alle großen Sakramente sich bei einem Stillstand nahen, wenn Schweigen herrscht und Zittern.

Der von Gott oder dem geliebten Wesen besessene Mensch ist von dieser Vereinigung überwältigt. Alles muß neu überdacht werden, alle Bewegung, alle Motive müssen eine Wende erfahren.

In diesen kurzen, intensiven Nächten, in denen das Fest Johannes' des Täufers gefeiert wird, kann in der Außenwelt zwar Tumult herrschen, doch es wird Stille sein an dem heiligen Ort, an dem die Nacht den Tag umschlungen hält und Leben aufs neue empfangen wird.

Löwe

Während des ganzen Zeitabschnittes des menschlichen Erlebens, das von Krebs repräsentiert wird, werden der sich entwickelnden Personalität zwei Grundbedürfnisse eingeprägt. Das eine ist die klare Konzentration – und damit Begrenzung – der Energien der Tagkraft, deren Stärke überwältigend geworden ist. Das andere besteht darin, Verantwortung den Mitmenschen gegenüber zu übernehmen und bewußt das Leben der Gesamtgesellschaft mitzugestalten.

Während die Tagkraft als eine personalisierende Energie zu definieren ist, welche abstrakte Vorstellungen, Ideen und Geistwesen in die konkrete und festumrissene Wirklichkeit zwingt, ist die Nachtkraft eine zusammenziehende Energie, welche beim Formen von sozialen Gruppen Personalitäten zusammenbringt. Das Fundament für einen solchen sozialen Prozeß ist – wenigstens in unserer gegenwärtigen Phase der Menschheitsentwicklung – Hausstand und Familie. Krebs ist das Symbol für dieses Fundament, ist der Quellbrunnen für die Nachtkraft, die an Kraft und Einfluß zunimmt, bis mit Steinbock, dem Symbol für das fertig organisierte soziale Leben: für den allmächtigen Staat, die Wintersonnenwende erreicht ist.

Das Tierkreiszeichen Löwe steht für die zweite Phase dieses sozialen Prozesses. In Löwe geschieht es, daß die gleiche Kraft, die bisher Mann und Frau dazu zwang, einander innerhalb des sozialen Wurzelwerks eines Hausstandes Grenzen zu setzen, einander zu stabilisieren und zu vertiefen, daß diese Kraft sie nun anfeuert, Nachkommen zu erzeugen. Auf diese Weise gelangen sie zu neuer sozialer Verantwortung. Ein neues Feld, auf dem Integration zu üben ist, öffnet sich vor ihnen: Integration zwischen Eltern und Kindern, zwischen den älteren und den jüngeren Generationen. Daraus erwachsen echte *soziale* Aufgaben, z. B. Probleme bei menschlichen Beziehungen, die nicht leichtfertig gelöst werden können, weil es bei ihnen um die Verantwortung der »Gegenwart« (die immerzu zu Vergangenheit wird) für die »Zukunft« geht. Damit fängt die Zeit an, als Gewicht auf dem Bewußtsein des Menschen zu lasten.

Die Zeit ist ein mächtiger Faktor bei allen schöpferischen Handlungen und sozialen Beziehungen. Wir können zwar sagen, daß in einer normal verlaufenden Jugendzeit die Zeit eine geringe Rolle spielt und sich völlig verliert im Glanz und in der Herrlichkeit einer Honigmond-Liebe, sie wird aber zu einem Wert von geradezu beißender Realität, wenn ein Kind (oder eine schöpferische Handlung) den Eltern neue Verantwortung aufbürdet. Eine Frau erfährt Zeit zum ersten Male in der Tiefe ihres Seins während der neunmonatigen Schwangerschaft. Beim Mann beginnt dieses Erlebnis mit der Disziplin des Arbeitslebens, mit seinen sozialen Aktivitäten und der Verantwortung, die jetzt auf ihn zukommt. Er erfährt Zeit in seinem Hausstand als Vater, in seiner Arbeitssphäre als Angestellter, in einer leitenden Stellung als Manager, aber auch, wenn es nur seine eigenen Pflichten sind, die er managen muß.

Wenn wir schreiben »zum ersten Male« und »beginnt dieses Erlebnis«, dann beziehen wir uns auf jene Lebensverhältnisse in der archaischen Gesellschaft, die auf dem normalen Rhythmus des biologischen Wachstums beruhten, wie sie z. B. im alten Indien überwogen. Die moderne Gesellschaft dagegen lebt in Übergangszuständen, ist chaotisch, unorganisiert, und der normale biologisch-psychische Rhythmus der menschlichen Entwicklung, wie sie der Tierkreis ja genau symbolisiert, ist nicht mehr so klar und präzise anwendbar. Und doch bleibt der Tierkreis das lebendige Symbol für einen Naturvorgang und wird eines Tages auch wieder als Basis für die Organisation der Gesellschaft und selbst der Personalität dienen. Eine solche Organisation würde dann viel mehr umfassen als in den alten Zivilisationen, wäre eine Organisation auf mehreren Ebenen des menschlichen Handelns, wäre aber nach wie vor eine Organisation, die sich ausrichtet an natürlichen Erscheinungen, wie den für unsere Augen erkennbaren symbolkräftigen festlichen Aufzügen von Sonne, Mond und Sternen am Himmel.

Löwe ist das Reich der Emotionen im Unterschied zu Krebs, der das Reich der Gefühle ist. Diese beiden Begriffe, Gefühl und Emotion, sollten ganz klar auseinandergehalten werden. »Gefühl« ist ein innerer, organischer Sinn, mittels dessen die Personalität als ein Ganzes (oder auf rein biologischer Ebene, der Leib als ein Ganzes) ein Urteil fällt über das, was für das menschliche Gesamtwesen konstruktiv oder destruktiv, gut oder schlecht ist. »Fühlen« bedeutet als organisches Ganzes auf eine Situation oder einen Menschen reagieren – wobei reagieren hier einfach bedeutet, für oder gegen die Situation oder das Wesen zu reagieren, die dem fühlenden Menschen gegenüberstehen.

Als Ergebnis eines solchen »Gefühls« oder auch gleichzeitig damit geschehen eine Anzahl Dinge. Muskeln ziehen sich zusammen, der Blutdruck steigt oder sinkt, der Pulsschlag beschleunigt oder verlangsamt sich, so unmerklich das alles auch sein mag. Die innere Sekretion reagiert ebenfalls auf ein Gefühl, und gibt mehr oder weniger von ihren Produkten an das Blut ab. Auf diese Weise erfährt die Chemie des Organismus eine, wenn auch noch so geringe, Veränderung. All diese *organischen Veränderungen* bilden, psychologisch gesprochen, den »Affekt«, bzw. die Emotion, und die Emotion transformiert sich entweder in eine Handlung (zum Beispiel Küssen oder Weglaufen), oder hindert die Muskeln daran, sich in äußerlich *sichtbaren* Aktionen zu manifestieren. Die Emotion folgt also dem Gefühl. Die beiden sind klar voneinander abzugrenzen. Das Gefühl gehört ins Reich des Krebses, die Emotion in das des Löwen.

Es gibt auch so etwas wie ein »internes Gefühl«. Ein Mensch fühlt sich gesund oder fühlt sich krank. Ein solches Gefühl ist eine unmittelbare Manifestation der Art und Weise, wie ein Organismus als Ganzes funktioniert. Sowie eine Funktion des Organismus beeinträchtigt oder gehemmt ist, fühlt der Mensch, daß etwas nicht stimmt. Lokal und akut auftretend, ist das Gefühl einer organischen Beeinträchtigung ein »Schmerz«. Durch äußeres und inneres Gefühl, vor allem durch Schmerz, vertieft sich im Menschen allmählich das Bewußtsein, eine Einheit für sich zu sein, die sich in manchem von anderen ähnlichen Organismen unterscheidet. Der Mensch lernt »ich« zu sagen. Er lernt dies zuerst durch Schmerz oder Frustration, d. h., wenn er das nicht hat, was sein Organismus braucht oder sich wünscht. Er lernt als ein »personales Ego« zu handeln, das anders ist als andere personale Egos, da er auf andere Weise »fühlt«. Die Individualisierung setzt ein mit Schmerz und dem Wahrnehmen von Gefühlen und wächst durch den Versuch des Menschen, sich selbst auszudrücken (Bereich des Löwen). Sie erhärtet sich durch das Ausüben von Macht, durch intellektuelle Analyse und Unterscheidungskraft (Bereich der Jungfrau).

In Krebs wird der Mensch: auf der *biologischen* Ebene zu einem Organismus mit begrenzter Lebensspanne und einem bestimmten Wachstumsrhythmus, auf der *psychischen* Ebene zu einer Person – einem Organismus der Gefühle, angeordnet um ein Ego, auf der *sozialen* Ebene zum Vorstand eines Hausstandes, mit dem ein sozialer Status definiert ist. Auf allen Ebenen baut Krebs die grundlegende Fähigkeit auf, als integriertes Ganzes (als ein Organismus) dem Zusammenprall mit anderen Wesen standzuhalten und ein Fundament zu schaffen, von dem aus man kreativ und sozial zu handeln vermag. In Löwe geht der Mensch von diesem Fundament aus. Und

– mit der immer noch etwas unsicheren Entschlossenheit, eine »soziale« Person zu sein, betritt er die Bühne der Welt und schwingt sein »Ja« und sein »Nein« wie flammende Schwerter. In Krebs ist der Mensch wie ein Quadrat oder ein Kubus – ein Fundament. In Löwe ist er ein Ego, das sein – für ihn selbst – herrliches »Ich bin« wie eine Standarte hochhält, die ihn zum Siege führt.

Löwe wird gern als das am stärksten individualistische Zeichen des Tierkreises ausgelegt, doch trifft dies nur dann zu, wenn der Begriff »individualistisch« auf soziale Beziehungen und das alltägliche Gruppenleben bezogen wird. In Löwe wird der Mensch, der gerade beginnt, sich verantwortlich zu fühlen für seine Geliebte und sein Kind, dazu genötigt, an irgendeiner Form von sozialen Aktivitäten teilzuhaben, jetzt aber nicht mehr als jugendlicher Schulbesucher, sondern als eine die Richtung ihrer Handlungen selbst entscheidende unabhängige Personalität. Aus dieser Situation resultiert, daß die im Löwe-Stadium des Erlebens befindliche Personalität ihre Taten *überzieht.* Sie wünscht die Gesellschaft zu beeindrucken, so wie ein siebenjähriges Kind sich freut, wenn es seinen Spielkameraden imponieren kann. Der Löwemensch meint, »derjenige, welcher« zu sein, und daß jeder ihm sofort ansieht, wie wichtig er für die Gesellschaft sein wird, daß alle sich rasch verbeugen werden vor seinen ungewöhnlichen Fähigkeiten und ihn mit Reichtum und Macht ausstatten werden – mit dem Reichtum und der Macht, die er nicht nur dazu braucht, um Frau und Kinder zu ernähren, sondern auch, um das Zepter über ihnen zu schwingen.

Das Grundprinzip bei Löwe ist also: *dramatische Veräußerlichung der Personalität, um soziale Anerkennung und erhöhte Selbstsicherheit als soziales Wesen zu erwerben.* Der Löwemensch braucht nicht unbedingt selbst ein Führer zu sein. Ist er dies aber, so wird er zweifellos versuchen, sich – auch mit den geringsten Mitteln – auf seinem Weg vorwärts zu bluffen und durchzuboxen, und zwar mit großen theatralischen Gesten, emotionalem Feuerwerk und viel Risiko – denn der Löwe liebt das Risiko, genauso wie er es liebt, andere Menschen zu managen. Aber genauso, wie die angebliche Aggressivität des Widdertyps aus dem Gefühl einer *persönlichen* Unsicherheit resultiert, so dienen des Löwen dramatische Versuche, Führerschaft zu erlangen, und auch seine Großzügigkeit, ihm selbst als psychische Kompensation für sein oft schmerzliches – wiewohl uneingestandenes oder auch ganz unbewußtes – Gefühl der *sozialen* Unsicherheit.

Mussolini, dessen soziale Unterlegenheit und neurotischer Charakter sich schon in seinen frühen Jugendphotos verraten, kann als ausgezeichnetes Beispiel gelten für den Weg, den ein echter Löwe einschlagen will oder kann. Befindet er sich inmitten verwirrter und mutloser Menschen, wird er sofort seine Chance wittern und an seiner Aufgabe wachsen. Sein Machtgefühl wird ihn erstaunlich hoch tragen, er wird aufblühen, ganz wie ein verherrlichtes junges Wunderkind – und wird ebenso rasch zurückstürzen ins Nichts, wenn die Flutwelle des Erfolges zurückebbt und die Jungfrau-Phase der Selbstkritik und Demütigungen zu wirken beginnt. Dann mag der stolze Löwe jedermann in Erstaunen versetzen durch seine großen öffentlichen Gesten der Selbsterniedrigung. Er nimmt alle Schuld auf sich. Es gibt keinen überzeugenderen reumütigen Sünder. Doch kann er rasch alles vergessen und eine neue Runde sozialer Selbstverherrlichung beginnen.

Diese Zuflucht zu sozialen Gesten und risikoreichen sozialen Einsätzen verrät, daß der Mensch sich seiner selbst nicht sicher ist, oft sogar, daß er voller sozialer Ängste steckt. Da er nicht weiß, wie man mit anderen Menschen zusammenarbeiten soll, muß er sie führen. Führen nach Art von Diktatoren bedeutet, sich energisch auf empfangsbereites Material zu projizieren. Der schöpferische Künstler handelt genauso. Woraus auch sein Schöpfungsbereich besteht, er begegnet einem Widerstand durch die Materialien, auf die er seine Visionen und emotionale Intensität projiziert, doch dieser Widerstand kann mit harten Mitteln überwunden werden. Ein Musikinstrument kann zum Klingen gezwungen werden, Ölfarbe muß es sich gefallen lassen, über Leinwand gestrichen zu werden – wenn nur ausreichend Beharrlichkeit entfaltet wird. Dabei handelt es sich nicht darum, mit dem Material zusammenzugehen, sondern um kleveres Vorpirschen und instinktives (oder erworbenes) Wissen, wie das Material auf Berührung reagiert. Ähnlich sind Diktatoren Meister der Massenpsychologie. Sie bedienen sich der Propaganda, und sie setzen sich dramatisch in Szene. Das sind die Techniken der Führerschaft.

Echtes soziales Bewußtsein dagegen ist etwas völlig anderes. Der typische Löwe hat sehr wenig davon in seiner inneren Zusammensetzung, auch wenn es vielleicht anders erscheint. Er spricht nämlich in verallgemeinernden Begriffen. Er rührt die Massen auf mit Worten und Träumen. Er hypnotisiert die Menschen durch die Intensität, mit der er sich selbst projiziert. Doch seine eigene Frau weiß ein anderes Lied zu singen, denn dramatische Gesten bedürfen des Rampenlichts und des Abstandes, um voll zu wirken.

Trotz alledem ist etwas Faszinierendes und Bezwingendes um einen echten Löwen, wenn er seine Sonnenstrahlkraft auf große Menschenmengen herabschüttet. Man kann völlig überwältigt sein, wie vom gleißenden Licht und der Hitze eines Sommermittags; wenn man jedoch einen Baum findet, in dessen Schatten man ruhen kann, ist es ein schönes Schauspiel. Die Sonne ist ja tatsächlich die große Alleinherrscherin in unserem Sonnensystem. Vielleicht, weil sie in Wirklichkeit ein ziemlich kleiner Stern ist? In einigen okkulten Büchern wird sie sogar als »verlorener Stern« bezeichnet. Nichtsdestotrotz teilt sie allen, die von ihrem Strahlenkreis angezogen werden, großzügig aus von ihrem Selbst, wenn sie auch töten kann und ganze Wüsten entstehen läßt. Dann müssen Wolken und Regenfälle helfend daherkommen und diejenigen retten, die andernfalls von der Sonne, der großen Alleinherrscherin, zu Tode verherrlicht würden.

In der Löwenphase des Tierkreises beginnt die Tagkraft zu schwinden, doch geht dieses effektive Schwinden einher mit einem Rückzug nach innen und unterbewußter Aktivität. Die Tagkraft bewegt sich ab jetzt nach innen in des Menschen Unterbewußtsein hinein, geradeso wie es der Fall war mit der Nachtkraft im Winter und Frühjahr. Die Tagkraft wirkt weiter, doch jetzt in subjektiver und introvertierter Weise. Sie nimmt transzendente – und in manchen Fällen negative – Züge an.

Die Personalität, deren physisches und natürliches Leben während der sommerlichen Sonnenwende und der Krebszeit Erfüllung gefunden hat, erwirbt in Löwe gleichsam eine neue Dimension. Kunst entsteht oft als Zuflucht für sensible Naturen und um den sozialen Realitäten des Tages zu entrinnen, doch auch als transzendente und symbolische Projektion der normal ausgerichteten und integrierten Personalität. Der Mensch, der weder Alleinherrscher sein kann, noch in Modifizierung seines Machtdranges Lehrer von Kindern oder aufnahmewilligen Erwachsenen, mag durch künstlerische Aktivitäten soziale Nützlichkeit und entsprechendes Prestige gewinnen. Bei diesen Aktivitäten finden wir oft einen unnachgiebigen Individualismus, verbunden mit dem Drang danach, allein zu sein und sich zu konzentrieren, dazu aber auch das Bedürfnis, auf die Gesellschaft Eindruck zu machen.

Kreativer künstlerischer Ausdruck, wenn er sich gesellschaftlich akzeptierten, traditionellen Materials bedient, und je mehr er Ruhm erwirbt und sich vielleicht auch selbst finanziell trägt, ist eine gesellschaftliche Aktivität. Doch ist künstlerischer Ausdruck auch ein Mittel dafür, die eigene personale Selbstheit nach innen zu führen und gleichzeitig *über zeitliche Grenzen* auszudehnen.

Es ist ein Mittel, durch von einer Generation zur anderen überlieferten Ruhm personale Unsterblichkeit zu erlangen und auf diese Weise die Zeit zu negieren bzw. zu bezwingen. Es ist außerdem ein Mittel, das eigene Bewußtsein zu erweitern, *sich selbst zu lehren.*

Während seines künstlerischen Schaffens vollzieht der Künstler bestenfalls eine Art *Yogaübung.* Er ist ja nicht nur intensiv konzentriert, sondern die von ihm gemalten Symbole oder die von ihm durch Töne erregten Kräfte sind oft echte Botschaften seiner tieferen Identität. Während des künstlerischen Schaffens verwandelt sich das (konzentrierte und der Aufgabe hingegebene) äußere Selbst in eine empfangsbereite Oberfläche, gleich aufnahmebereit und erwartungsvoll wie die Leinwand oder das Klavier. Und deshalb kann es gestaltet werden durch das, was sich aus dem Inneren ergießt, was der Innere Lehrer, der Innere Herrscher sagt.

Die am meisten auffallende negative Manifestation der in Löwe nach innen wirkenden Tagkraft ist eine extreme Überempfindlichkeit allem gegenüber, was die Würde und den Stolz angreift. Die Tagkraft nimmt ab, die Personalität wird nicht mehr unmittelbar von ihr aufgebaut. Die Personalität wächst zwar noch, aber nur sozial, d. h. was soziale Anerkennung und Unterstützung anbetrifft. Alles, was diese soziale Kräftigung mindert, erscheint deshalb wie ein Angriff auf das Lebensrecht der Löwe-Personalität, entfacht des Löwen Rachegefühle und verletzt ihn tief. Deshalb reagieren Künstler und Diktatoren so heftig auf Kritik und den Verlust der Publikumsgunst. Daher die Entschlossenheit des Löwemenschen, jedes Mittel anzuwenden, um sich eine solche Gunst zu erhalten oder sie wiederzugewinnen, einschließlich der Mittel der dramatischen Übertreibung, der Lüge und der Bestechung.

Löwe, das ist das Individuum im Stadium seines ersten Versuches, eine soziale Personalität zu sein. Und, wie so oft bei einem ersten Versuch, versagt der Löwe, oder er überschlägt sich aus Furcht vor einem Versagen und dramatisiert die Situation. Er hat noch nicht gelernt, nicht Herr sein zu wollen über Sklaven, weil er sich gar so sicher fühlt, daß er selbst niemals zum Sklaven wird. In Wirklichkeit aber kämpft er gegen die unterbewußte Angst, die Gesellschaft könne ihn verschlingen und selbst zum Sklaven machen. Daher die übertriebenen Gebärden und die Intensität seiner Projektionen. Und da er die Macht des Universums und der Zeit über sein sozial unangepaßtes Ego sehr scharf empfindet, drängt es ihn zu schöpferischer Tat. So drückt er den Stempel seines eigenen Ego auf die Welt, die er nach seinem Ebenbild zu formen gewillt ist, auf daß er nicht verloren gehe in der hochsteigenden Flut.

Jungfrau

In Jungfrau ist das sich entwickelnde Bewußtsein des Menschen in der Hauptsache damit beschäftigt, das gesamte Geschehen während der Löweperiode zu analysieren, dagegen zu reagieren, oder es weiterzuentwickeln. In Löwe erlebten wir die Nachtkraft, wie sie, zögernd und noch unsicher in ihrem sozialen Anpassungsversuch, das Individuum oft zwang, mit seinen emotionalen Projektionen zu übertreiben. Kaum hat das Individuum im eigenen Hausstand ein Fundament erworben und innerlich Wurzel geschlagen, wird es schon konfrontiert mit sozialer Verantwortung. Auf der Basis seines eigenen Hausstandes und seiner persönlichen Unabhängigkeit muß der Mensch am gesellschaftlichen Leben teilnehmen. Symbolisch wurde er mündig zur Sommersonnenwende. Nun muß er in der Gesellschaft seine Rolle spielen. Er muß produzieren, erzeugen, schöpferisch sein. Mit aller Schärfe, wenn auch vielleicht nicht ganz bewußt, empfindet er dieses Muß. Er gibt sich selbst einen Ruck, übernimmt eine leitende Stellung mit all ihrer Verantwortung, bestimmt Richtlinien. Er ist erfüllt von sich selbst – strahlt Väterlichkeit aus! Und doch – er ist es einfach noch nicht gewohnt, sozial verantwortlich zu handeln. Abenteuerliche Versuche in dieser Richtung enden oft kläglich, in künstlich kühler Überlegenheit schießt er so manchen Bock. Dann ist er verletzt, ist sein Stolz verwundet. Er verausgabt sich so sehr, daß er sich leiblich zerschlagen fühlt von der allzuvielen Arbeit, von überstarken Emotionen, vielleicht auch von Exzessen aller Art. Bei weiblichen Löwen kann das Gebären von Kindern, ihre Pflege und Erziehung physische und psychische Erschöpfung zeitigen.

So mögen häusliche und soziale Verpflichtungen im Löwemenschen tiefe Spuren hinterlassen. Das Zeugen und die kreativen Aktivitäten, die Arbeit und die exzessiv genossenen Vergnügungen können problematische Auswirkungen haben. Kurz gesagt, die Dinge stehen nicht zum besten. Was ist nun zu tun? Fragen über Fragen erheben sich im verwirrten Geist. Wer gibt treffende Antworten? Es muß ja immer weiter gehen mit dem Arbeiten, Produzieren, dem Lehren, Investieren, Erschaffen. Das ist nun mal das Wesen des sozialen Lebens. Aber wie kann alles weitergehen, wenn Kraft und Glaube und Vertrauen dahinschwinden? Wer bringt einem eine Technik bei, wie man seinen Pflichten ruhig nachgehen kann, wie man arbeitet, ohne sich dabei zu überanstrengen?

Hier setzt nun die Jungfrau-Phase ein, die Phase der Entfaltung des Bewußtseins. Sie beginnt mit einem Fragezeichen und endet *vielleicht* mit echter Erleuchtung – zur herbstlichen Tagundnachtgleiche, wenn Waage beginnt. Sie sollte jedoch enden mit einem größeren Verständnis für die Bedeutung des sozialen Geschehens, für das Wesen der Nachtkraft. Sie sollte enden in Schönheit und Frieden, wenigstens aber mit sozialer Anpassung.

Wie man es fertig bringen soll, einerseits produktiv zu arbeiten und andererseits strikt individuell zu leben und sich emotional voll auszudrücken, stellt den Menschen vor ein Rätsel. Wie sind physische und nervöse Erschöpfung, wie sind emotionale Tragödien, wie ist Desillusionierung zu vermeiden? Das ist der Kern aller Fragen, die der Mensch unaufhörlich und immer wieder an die Sphinx stellt. Es gibt da nun eine einleuchtende Überlieferung, gemäß welcher im Tierkreiszeichen der Übergang von Löwe zu Jungfrau das Symbol der Sphinx trägt. Dieses mythische Geschöpf, das noch heute auf die Sandwüsten Ägyptens herabschaut, hat den Leib eines Löwen und das Haupt einer Jungfrau – ist eine Kreuzung zwischen Löwe und Jungfrau und symbolisiert die Antwort auf die ewige Frage, die wir eben gestellt haben. Und wie lautet die Antwort?

Die Antwort besteht aus zwei Teilen. Beide Teile müssen jedoch vereinigt gesehen werden. Denn diese Vereinigung, die zwar in der Theorie einfach, in der Praxis aber schwierig ist, stellt das eigentliche Geheimnis der Sphinx dar: diese ist ja auch aus zwei verschiedenen Wesen zusammengesetzt. Der erste Teil der Antwort bezieht sich auf die durch impulsive und anstrengende Aktivitäten und dazugehörige dramatische Gesten verursachten Anstrengungen und Abnutzungen. Dieser Teil der Antwort besteht aus einem einzigen Wort: *Technik!* Der andere Teil der Antwort ist eine Empfehlung, nämlich das eigene emotionale Leben *umzupolen.* Methodisches Vorgehen im Verein mit emotionaler Umpolung – das sind die beiden Schlüssel zum Geheimnis der Sphinx.

Eine Technik oder Methode ist ein auf grundlegenden Prinzipien beruhendes Verfahren, dessen Anwendung den Menschen befähigt, seine Arbeit in voller Seelenruhe auszuführen mit einem Minimum an Verschleiß, Abfall und zerstörerischer Überanstrengung, und zwar in kürzest möglicher Zeit. Der Arbeitende, der die Prinzipien eines Verfahrens voll erfaßt hat und sich den Anwendungsmodus dieses Verfahrens einverleibt hat bis in die

Verhaltensstruktur seiner Muskeln, Nerven und seines Geistes, wird zum Meister einer solchen Technik.

Technik muß erlernt werden. Abgesehen von außergewöhnlichen Fällen muß jede Technik gelernt werden, und zwar von einem Meister dieser Technik. Wer also das Geheimnis eines wirksamen, einfachen und glatten Arbeitsablaufes erlernen will, muß als *Lehrling*, als Lernender anfangen. Er muß sein eigenes Verhalten objektiv beurteilen und analysieren lernen, darf nicht blind sein gegenüber eigenen Fehlern. Er muß absolut ehrlich sein, darf sich durch nichts blenden lassen bei der Bewertung einer Arbeitsleistung, weder bei sich selbst noch bei anderen. Er muß lernen, leidenschaftslos und vorurteilsfrei zu kritisieren, klar und scharf zu unterscheiden. Er muß »rein« sein.

Reinheit ist ein mißverständlicher Begriff, in der Regel vielfach überlagert von ganzen Schichten verwirrender ethischer Überlieferungen. Unter »reinem« Wasser versteht man Wasser ohne jeden Bodensatz, Schmutz oder organische Stoffe wie z. B. Mikroben. Es soll *nichts* sein *als* das, was der Chemiker mit der Formel H_2O umschreibt. So sollte auch für einen Menschen »rein« sein bedeuten, daß er nichts sei als das, was er innerlich und rechtmäßig aufgrund seines eigenen individuellen Schicksals ist.

Wenn ein Mensch in seinem Wesen Elemente und Begierden enthält, die seinem innersten Charakter, seiner Bestimmung »fremd« sind, wirken diese Faktoren wie Verunreinigungen und verursachen psychische Konflikte und Zusammenbrüche. Enthält das Benzin in einem Automobil Schmutzteilchen oder Wasser, dann arbeitet der Motor ungleichmäßig und hektisch. Solche Verunreinigungen verursachen Verschleiß im Motor. Ähnlich zieht der Mensch während der Kindheit und Schulzeit alles mögliche an »Schmutz« oder an Stoffen an sich, die seinem wahren Wesen fremd sind. Seine Charaktermischung enthält Unreinigkeiten, die den glatten Ablauf seines Lebens zerstören können. Komplexe durch in der Jugend erlittene Frustrationen, erfahrene Ablehnung und Angst wirken wie Wasser im Benzin. Sie vermindern seine nutzbare Energie. Sie zerstören die Feineinstellung seines psychischen und geistigen »Vergasers«. Der Mensch gerät »außer Takt«, und er vergeudet seine Kräfte in unnützen Anstrengungen und unproduktivem Energieverbrauch.

Eine Technik, eine Methode ist ein Verfahren zum Ausscheiden aller Energie unproduktiv verbrauchenden Verunreinigungen. Der Arbeitende wird zu einer »reinen« Produktionskraft, frei von Konflikten, Komplexen oder Furcht. Ein Meister des Technischen, des Methodischen ist sich seiner selbst absolut sicher, weil er weiß, daß nichts in ihm seine Arbeitsweise hemmt, verwirrt oder stört – weder in seinen psychischen Mechanismen, noch in seinem Kraftstrom von dessen Quelle bis zu dem Punkt, wo die Kraft wirksam arbeitet. Seine Hände sind sicher, weil seine Nerven stabil sind, seine Nerven aber sind stabil, weil seine Psyche klar ist, nicht überlastet durch Wildwuchs und Verhärtungen, die aus frühen Ängsten herrühren.

Also beruht Technik auf »Reinheit«. Technik beruht aber auch auf Durchschlagkraft und Geschicklichkeit. Durchschlagkraft bedeutet, daß der die Arbeit vollbringende mit unbeschädigten Arbeitsorganen geboren ist, durch welche die universale Lebenskraft mit relativ hoher Lebensspannkraft zu fließen vermag, bedeutet – was noch wichtiger ist – daß diese Lebensspannkraft *ungebraucht* ist. Daher das Symbol der »Jungfrau«, die »rein« und »durchschlagkräftig«, weil »unbefleckt« und von ungebrauchter Energie erfüllt ist.

Als letztes ist die auf sachgerechtem Ausbilden und Üben beruhende Geschicklichkeit zu nennen. Vielleicht wäre das Ausbilden und Üben nicht notwendig oder könnte die Dauer der Übungen beträchtlich verkürzt werden, wenn der Lernende wirklich rein und voll innerer Spannkraft wäre, denn die zu dieser Zeit mit maximaler Intensität und ganz unkorrumpiert fließende Lebenskraft müßte sich eigentlich *jeder neuen Situation rasch anpassen können.* Leider denken die Menschen nicht an diese Tatsache. Sie verwenden allzu große Sorgfalt auf das mechanische Einüben, während, wenn alle persönlichen Hemmnisse beseitigt würden und der Mensch wahre Spannkraft besäße, er die verzwicktesten Mechanismen mit nur wenig praktischer Erfahrung meistern könnte. *Leben ist Intelligenz.* Die Menschen behindern diese angeborene Intelligenz durch soziale und persönliche Torheiten und müssen diesen Ausfall nun durch langweiliges Üben ersetzen. Aber – man gebe dem Leben eine echte Chance – und in zwei oder nur wenigen Generationen könnten Wunder geschehen.

Das oben Gesagte soll den Wert einer Ausbildung nicht herabsetzen. Es soll nur darauf hingewiesen werden, daß wenigstens die Hälfte des Arbeitspensums eines Lernenden darin besteht, sich von seinen Behinderungen zu befreien – der Rest ist dann verhältnismäßig einfach.

Darum ist *Selbstreinigung* das wesentlichste Mittel, um zu technischer Meisterschaft zu gelangen. Der Mensch muß wieder zur Jungfrau werden. Die Vergangenheit muß vergessen, muß ausgelöscht werden, darf nur in Form einer Erlebensessenz zurückbleiben, die dem Bewußtsein Tiefe verleiht, aber die Strukturen des Geistes, der Emotionen und des Leibes nicht mit erstarrten Erinnerungen beeinflußt, die immer Blockierung, Kraftvergeudung und damit Wirkungslosigkeit bedeuten. *Selbsterneuerung* bringt einen tiefen Brunnen zum Fließen, läßt durch neue Öffnungen des Brunnens Kraft frisch strömen. Daraus erwächst eine natürliche *Vertrautheit mit neuen Geräten* und fast automatisch auch die dazugehörige Geschicklichkeit. Denn wahre Geschicklichkeit beruht ja nicht auf Gewöhnung oder auf dem Erlernen von Regeln, sondern auf der Fähigkeit, sich selbst unmittelbar auf alle denkbaren Situationen und Anforderungen durch alle

Arten von Mechanismen einstellen zu können. Die vorstehende Analyse behandelt den Faktor des technischen Handelns. Jeder Astrologieschüler wird mit Leichtigkeit in dieser Abhandlung alle jene Charakteristika wiedererkennen, welche in astrologischen Lehrbüchern traditionsgemäß mit dem Tierkreiszeichen Jungfrau in Verbindung gebracht werden: das Analysieren, Unterscheiden, Kritisieren, die Arbeitsroutine, die Reinheit, die Geschlossenheit des Wesens, die Leibespflege und Hygiene, das Trainieren etc. Doch Jungfrau bietet noch eine andere Antwort dem, der sich selbst vervollkommnen will, der verletzt, betrogen und verbittert ist, der nach dem Höhenrausch des Löwen, nach emotionaler Verausgabung leer und gebrochenen Herzens zurückbleibt, so auch den Eltern, deren Kinder sich undankbar erweisen, dem schöpferischen Künstler, dessen Werke kein öffentliches Echo finden, dem von seinen Gefolgsleuten verlassenen Führer. Hier lautet die Antwort der Sphinx: *emotionale Umpolung.* »Was hat deine emotionale Desillusionierung und Bitterkeit bewirkt?« fragt die Sphinx. Indem wir in des Steinbildes hohle Augen blikken, verwandeln sich diese in Spiegel, die unser tiefstes Innere reflektieren, und wir erkennen endlich, daß unser emotionales Versagen im wesentlichen ein Mangel an sozialem Instinkt ist. Bisher ignorierten wir die Bedeutung der Nachtkraft, jener kosmischen Macht, die alle Einheiten zusammenführt zu größeren Organismen, die leidenschaftslos und emotionslos komplexe Vorschriften für jede Art von Beziehungen aufstellt, die für alle Wesen und Dinge Geltung haben. Wir hatten darauf bestanden, daß unsere Art, Emotionen zu projizieren, die einzig richtige Art und Weise sei, daß wir das Recht hätten, »alles oder nichts« zu verlangen, das Recht, dem Leben unsere Bedingungen aufzuzwingen. Da wurde die Nachtkraft destruktiv, wir verirrten uns im Dunkeln und fürchteten uns vor dem gebrochenen Echo auf unsere Wünsche und Begierden.

»Schaut auf mich«, sagt die Sphinx, »eifert mir nach. Meine Löweleidenschaften sind stark, ich bin eine mächtige Riesenkatze, in deren Lenden sich inbrünstige Kraft verbirgt. Doch mein Haupt ist das einer Jungfrau. Ich bin still, ich warte auf das, was kommen muß. Ich blicke hinauf zu den Sternen. Ich warte auf meine Zeit – wie es geschrieben steht. In mir ist weder Stolz noch Hast. In mir sind Macht und Reinheit polarisiert auf mein Ziel und mein Geschick.«

Die Nachtkraft ist die Macht des überindividuellen Willens. Sie ist der Mutterschoß der größeren Selbstheit, der größeren Lebensorganisationen. Sie zieht die kleineren Selbst-Einheiten ein in sich, in Erwartung des größeren Selbst, das zur verheißenden Zeit kommen wird. Die Botschaft der Jungfrau an den Leidenden lautet deshalb: »Erhebe deinen Blick, organisiere deine Begierden und Wünsche anders, pole deine Emotionen um, richte deine Impulse neu aus. Deine Kraft gehört nicht dir allein, sie gehört dem Leben. Aber sie wurde dir anvertraut für die Menschheit insgesamt. Deine Kraft dient einem größeren Zweck als dir kleinem Menschen allein, einem Zweck, der höher ist als dein Hausstand und deine Familie. Weihe deine Kraft dem größeren Ganzen!«

Ein Aspekt der Jungfrau ist also Hingabe und geistige Jüngerschaft. Im Jungfrauzeichen beugt sich der Einzelmensch einer kollektiven Sache und einer kollektiven Disziplin, dient, und verliert sich, bringt willentlich Opfer – wie das der Saat, die zu Brot wird, um die Hungrigen zu speisen. Der Jungfrau ist auch das Heer zugeordnet, weil der Mensch durch die Disziplin und das Opfer, die der Krieg verlangen, dazu gezwungen wird, an einem größeren Ganzen, nämlich der Nation, teilzunehmen. Dem Jungfrauzeichen untersteht auch: der Gehorsam gegenüber den Baugesetzen des Weltalls, die menschliche Spezies und die menschlichen Gemeinschaften. Im Jungfrauzeichen kann der Mensch lernen, daß derjenige, der seine eigene Seele verliert, seine Göttlichkeit gewinnt.

Und wenn er dies gelernt hat, ist er vorbereitet dafür, an die Tore des Tempels zu klopfen, die große Verwandlung zu erfahren, die ihn, der mit der Sphinx eins geworden ist, erwartet, der die Pyramide betritt zur Initiation.

Sehr viel wurde in letzter Zeit über »Initiation« geschrieben! Und doch ist immer noch etwas zu diesem Thema zu sagen, weil, wie bei jedem Höhepunkt einer Verwandlung, der eine Herausforderung und die ihr nachfolgenden Probleme erlebende Mensch diese notwendigerweise auf der Grundlage seiner relativ einmaligen Lebenserfahrung angehen muß. Überdies bedeutet Initiation verschiedenes für verschiedene Teilbereiche der menschlichen Personalität. Für das Erwerben einer Technik kann eine Initiation die Form eines Diploms einer Universität annehmen, die der »Meister der Technik« besucht hat. Was emotionale Umpolung und die Beziehung des Einzelmenschen zu einem größeren Ganzen innerhalb jenes Lebens betrifft, an dem teilzunehmen er bereit ist, bezeichnet Initiation das Ende des Alleinseins – wenn auch nicht das völlige Ende des Einsamseins.

Der Löwe ist König der Wüste, weil er sie und alle ihre niedere Kreatur symbolisch ganz in Anspruch zu nehmen und zu beherrschen in der Lage ist. Dies hat zur Folge, daß er sich bald allein befindet in der Wüste. Auch das Ego ist allein, weil es sich selbst nur sehen kann als einen Herrn von Sklaven, oder als einen vor aufnahmebereitem Publikum spielenden Virtuosen. Er ist also allein auf der Bühne, getrennt von allen anderen durch das Rampenlicht seines Stolzes, durch seine selbstgewählte Mission – oder durch die Hoheit seines königlichen Standes. Auch die Jungfrau ist allein, laut ihrer Bestimmung, doch ist dies eine sehr andere Art des Alleinseins. Die Jungfrau ist allein – sie wartet. Sie wartet auf ein Geheimnis, das kommen und ihre Einsamkeit, aber auch ihre Jungfräulichkeit zerstören wird. Vielleicht fürchtet sie sich vor dem Unbekannten. Vielleicht schaut sie starr wie die

Sphinx in die Wüstennacht, doch in Herz und Leib trägt sie das Wissen um Sein Kommen. Dieses Kommen wird bewirken, daß die Wüste sich in ein fruchtbares Tal verwandelt. Ein Volk wird geboren. Die Waage steht vor der Tür: die Gemeinschaft der Menschen, der Gesellschaft, das Versprechen einer Zivilisation, einer »mystischen Bruderschaft«, deren Wirklichkeit als konkrete Tatsache in der tiefsten Kammer der Pyramide enthüllt werden wird.

Wenn das jungfräuliche Mädchen durch den Geliebten eine Befruchtung erfährt, ist das nicht nur die Vermählung mit einem bestimmten Mann. Die junge Frau öffnet sich dem menschlichen Leben insgesamt. Die ganze Vergangenheit der Menschheit durchflutet ihr Warten, sie wird zu einem lebenden Versprechen einer kommenden Zivilisation. So stürmt auch das kollektive Unbewußte hinauf und über die Schwelle desjenigen, der »initiiert« wird. Der MENSCH tritt ein in den Menschen. Waage tritt ein in Jungfrau. Und Jungfrau ist das Warten, die langwierige und mühsame Vorbereitung auf diesen Advent.

Dieses Gefühl muß jedoch erst erweckt werden, in Löwe existiert es noch nicht. Die Sphinx ist der symbolische Ausdruck jener Krise, die in einem bestimmten Stadium der Entwicklung eintreten muß, wenn das kreative, alles auf sich selbst projizierende, das dramatische Allein-Sein des Ego (Löwe) sich verwandeln soll in die erwartungsvolle, potentiell fruchtbare Alleinheit der Seele (Jungfrau). Das Wort »Seele« ist ein unzureichender Ausdruck mit verschiedenen vagen Bedeutungen. Hier in unserem Zusammenhang steht dieser Begriff für den Beginn jenes Zustandes der Psyche – d. h. des Geistes und Gefühls des Menschen – in dem eben diese Psyche zu erkennen beginnt, daß das ganze Universum nicht um sich selbst kreist, sondern nur ein Teil ist einer riesengroßen Ganzheit des Seins, deren scheinbare Unendlichkeit Furcht einflößt und doch bezwingend wirkt.

Schöpferisches Feuer, aus der Mitte der individualisierten Personalität wirbelnd bewegt nach außen wogend: das ist Löwe. Doch dieses Feuer spürt allmählich den Raum, mit dem es von allen Seiten umgeben ist. Er erlebt die Kälte des Weltalls, verlangsamt die Intensität seiner Schwingungen. Strahlende Atome in ionisiertem Zustand in der Sonne lernen, als ruhigere chemische Strukturen zu wirken. Energie wird zu Masse. Die Kraft der Lenden des Löwen verwandelt sich im Haupt der Jungfrau zu Verstand und Unterscheidungskraft. Aus dem emotionalen, schöpferischen Gedankendrama wird reflektierendes, analytisches Verstehen. Ein anhaltender Abkühlungsprozeß ist im Gange. Der Raum überwältigt das Feuer. Die Vielen überwältigen den Einen. Die Beziehung triumphiert über die individuelle Ausstrahlung. Die Vorahnung von dem unbekannten Großen läßt den bekannten Glanz und die emotionale Erregung aller Ego-Phantasmen als von zweifelhaftem Wert erscheinen. Denn das Warten hat begonnen, das Warten auf denjenigen, der dieses größere Unbekannte in die Seele bringen soll. Es ist unwesentlich, wie dieses mystische Etwas empfangen wird. Der Löwe ist zur Jungfrau geworden: zum ewigen Fragezeichen.

Wer ist dieser ewige Unbekannte, der das »Warum?« der Jungfrau beantworten wird? Sein Name ist Er, denn Er hat keinen Namen. Er schmiedet das mächtige Schwert von Sinn und Bedeutung, er ist der Namensverleiher. Er ist der Initiator, der stets eine Antwort weiß auf die Rätsel der Personalität und des bewußten Lebens. Er trägt in seinem Geiste das Geheimnis des »Maßstabes für den Menschen«. Aber um ihn zu finden, muß das individuelle Ego wieder zum gutwilligen Anfänger werden. Der Mensch muß Übungen und Prüfungen und emotionale Umpolungen auf sich nehmen, und sein tragisches, aber doch innigst gehegtes Allein-Sein aufgeben. Er muß seine Vergangenheit akzeptieren, auf daß die Zukunft in Weisheit erstehe. Er muß die Stille der Königskammer in der Pyramide ertragen ohne sich zu fürchten. Er muß sterben und wiedergeboren werden.

Stille senkt sich auf die suchende Seele, wenn sie in herrlicher Wüstennacht schweigend emporschaut zu fernen Sternbildern. Auch heute noch schaut die Sphinx in die Wüste, obwohl keine Jünger mehr in den geheiligten Pyramiden initiiert werden, nur Bomben nahegelegenen Städten einen sinnlosen Tod bereiten. Und doch ist die Sphinx in ihrer Wirklichkeit weiterhin am Leben. Die Menschheit selbst ist zur Sphinx geworden und stellt die ewigen Fragen. Durch die globale Krise unserer Tage hindurch sucht sie sich den Weg zu einer neuen Pyramide und zu einer neuen Initiation – den Weg zur »Vollkommenheit des Menschen«.

Waage

Unsere symbolische Reise den Tierkreis entlang führte uns vorbei am erhabenen Antlitz der Sphinx und durch die zu lernenden Disziplinen der Jungfrau-Periode, die ja von der Sphinx eröffnet wurde. Nun stehen wir Aug in Auge mit dem rätselhaften Bauwerk, das jedermann unter dem Namen Große Pyramide bekannt ist. In dieses Bauwerk eingeprägt ist die kosmische Bedeutung des Tierkreiszeichens Waage, der herbstlichen Tagundnachtgleiche und des Aufsteigens der Nachtkraft. In Waage geschieht es, daß Löwe mit seiner *Eigenwilligkeit* und Jungfrau mit ihrer *Selbstkritik* miteinander ausgesöhnt werden und beide sich bezwingen, indem sie ihr Selbst *der Menschheit weihen*. In diesem Zustand verharrt dann das Selbst, aber nicht mehr als Herr, auch nicht mehr als Kritiker oder Diener. Das Selbst verbleibt als eine konzentrierende Linse für das Licht des Ganzen, das in ihr und durch sie wirkt und alle Menschen dazu drängt, Teilhaber des Gesamtorganismus der Menschheit zu werden. Teilhaber: Menschen der Tat, die sich bewußt einsetzen für das Triumphieren des universalen Willens über die begrenzte Macht einzelner Egos.

Waage bedeutet: Einverleiben des Einzelmenschen in das Größere Ganze, in dem der Mensch hinfort als Zelle zu wirken hat. Die Herbst-Tagundnachtgleiche steht für den entscheidenden Triumph von Gemeinschaftsbemühungen und sozialer Kooperation über individuellen Selbstausdruck und emotionale Selbst-Zentrierung. Es ist dies noch kein endgültiger Sieg, genausowenig wie die Frühlings-Tagundnachtgleiche die letzte Phase der Personalitätsbildung ist. Doch nach Waage sollte das Endziel sich klar darstellen. Die Vision und das Verstehen sind von jedem ehrlich Suchenden zu erlangen. Neue Kräfte werden wach, Kräfte, die aus Gruppen-Zusammenarbeit und gesellschaftlichem Austausch erwachsen. Neue Perspektiven öffnen sich dem Blick mit neuen, mehr oder weniger klar umrissenen Zielen. Die Mauern der Festung »Selbst« werden – wenigstens theoretisch – niedergerissen. Das Innenleben sollte sich nun ungehindert verbinden können mit denjenigen Gefährten, die vom gleichen, der Wohlfahrt des Ganzen geweihten Brot essen, und die genauso dazu bereit sind, sich in die hierarchische Ordnung einer Gruppen-Organisation einzufügen.

Die drei Phasen zwischen Herbst-Tagundnachtgleiche und Wintersonnenwende verlaufen genau parallel zu der in den Tierkreiszeichen Widder, Stier und Zwillinge symbolisierten Entwicklung, doch handelt es sich hier nicht mehr um den Aufbau der *Personalität*, sondern um das Wachstum der *Gesellschaft*. Gesellschaftsbildende Kräfte mit stets wachsendem Auftrieb steigen hoch. Individuen, die noch einzeln sind, werden von ihrer Flut weggeschwemmt.

Sinn und Zweck dieser Phase ist es, den zwischenmenschlichen Austausch, die Gemeinschaft, das Zusammenleben innerhalb einer realen, organischen, stabilen und dauerhaften Verhaltensstruktur einer Gemeinde (Waage) wertvoller, aktueller, greifbarer zu machen. Aus einem solchen Zusammenleben gehen Schritt für Schritt hervor: die aus Gemeindegefühl und -tat (Skorpion) geborene Energie, die aus Gemeindedenken (Schütze) geborene Vision – und schließlich der vollendete soziale Organismus, der fertige Staat (Steinbock).

Waage ist ein kardinales Zeichen, und deshalb sind in ihr mit Aktivität und Verhalten zusammenhängende Werte betont. Durch das Gewicht der sozialen Prozesse wird das Bewußtsein des Waagetypus dynamisiert. Großer sozialer Eifer geht einher mit einem wachen Bewußtsein der Abhängigkeit von sozialen Werten. Dies ist nun nicht mehr die Abhängigkeit des Löwen von Ruhm und Beifall, des Löwen, der sich, unbestätigt oder unbeachtet, sozial unsicher fühlt und dann anfängt zu prahlen. Der Waagemensch dagegen entwickelt – zum ersten Mal im Verfolg des Tierkreises – echten Sinn für soziale Werte, aber gerade weil soziale Werte so real, so wichtig sind für den Waagetypus, und weil gleichzeitig seine Gefühle und Emotionen noch Züge des kräftigen Individualismus der Tagkraft aufweisen, tendiert der Waagetypus dahin, soziale Faktoren allzu wichtig zu nehmen.

So wie der Widdertypus aggressiv und arrogant wird in seinem Übereifer, sich selbst als integrierte Personalität einzuführen, so will der Waagemensch in wesensfremder, übertriebener Weise seinen sozialen Sinn beweisen. Er wird sich eher selbst opfern, – oder wenigstens so tun als ob – als daß er seine gesellschaftlichen oder Gruppenverpflichtungen vernachlässigt. Sein soziales Gewissen verfolgt ihn, genauso wie den Widdertypus der Drang verfolgt, zur Personalität werden zu müssen. Und doch ist der Waagemensch seiner selbst nicht recht sicher bei seinen gesellschaftlichen oder Gruppenaktivitäten. Er hat stets das Gefühl, daß er sehr leicht wieder Beute seiner individuellen Wünsche werden könne. Er möchte diese Möglichkeit eines Rückfalles ausschließen und erfindet einleuchtende Geschichten und Bühnenauftritte, mit denen er sich selbst und seine Gefährten davon überzeugt, daß er der Gruppe angehört und daß die Gruppe durch ihn handelt.

Es heißt, der Waagetypus sei opportunistisch, schwankend und unzuverlässig. Dies sind aber nur oberflächliche Kennzeichen. Der wirkliche – weil *psychische* –Grund für diese Züge der Waage ist, daß der Waagemensch alles akzeptieren würde, was eine Gruppe oder ein Kollektiv von ihm erwartet, alles, wovon er *glaubt*, daß die Gruppe von ihm erwartet. Deshalb sein Schwanken und seine Unzuverlässigkeit in oberflächlichen Entscheidungen. Deshalb hat er auch zu Zeiten den Anschein eines Chamäleons – des Symbols aller Opportunisten – das seine Farben so verändern kann, daß es seiner Umgebung angepaßt ist, genauer gesagt, *in seiner Umgebung aufgeht*. Dieses ›in der Umgebung aufgehen‹ ist das Wesen des Waageverhaltens. *Darunter* jedoch verbirgt der Waagetypus einen großen individuellen Stolz und erhebliche Empfindlichkeit, ein manchmal herzzerreißendes Gefühl der Unfähigkeit, in der Familie oder im gesellschaftlichen Leben eine selbstgestellte Aufgabe sachgemäß zu erfüllen.

Waage und Widder sind Zeichen mit unstabilem Gleichgewicht. In ihnen sind die Tag- und Nachtkraft fast ausgeglichen. Deshalb häufig die Neigung zu Ruhelosigkeit, Nervosität und oft zu neurotischem Verhalten. In Waage wünscht es der Mensch *bewußt*, sozial, unpersönlich, vergeistigt und im Umgang mit Mitarbeitern großzügig zu sein, doch *unterbewußt* – so kommt es ihm selbst vor – erreicht er niemals das ideale Ziel, das er sich gesetzt hat, es scheint stets vor ihm zurückzuweichen. Häufig ist er erst mutlos, danach übereifrig bei sozialer Arbeit oder als Mitglied einer Gruppe. Der Waagemensch hält ständig Ausschau nach der idealen Gruppe, der idealen Form der Zusammenarbeit. Menschliche Beziehungen sind ihm ernst, ja heilig. Er kann sich so intensiv in seine Beziehungen hineinsteigern, daß er im Streben nach seinem Ideal an der Wirklichkeit vorbeilebt.

Trotz leidenschaftlicher Liebe für die Unversehrtheit des Waldes vernichtet er auch einmal einen einzelnen Baum.

Im besten Falle jedoch ist der Waagemensch ein ausgezeichneter Leiter von Gruppenaktivitäten. Er ist einfach wundervoll, wenn es gilt, Harmonie zu stiften, er ist groß im Integrieren – und dies um so mehr, als er sich seiner eigenen Integriertheit nicht sicher ist. Gruppenharmonie und Glück und Idealismus in menschlichen Beziehungen haben für ihn eine Bedeutung wie Leben und Tod. Kontroversen und interner Hader stören sein nervliches Gleichgewicht, bringen ihn an den Rand psychischer Erschöpfung. Er hat noch nicht den Zustand erreicht, in dem man sich wohlfühlt bei diplomatischen Intrigen und politischen Ränken, wie zum Beispiel der Steinbocktyp. In Steinbock ist das Sozialgefühl genauso stabil und ruhig wie in Krebs das Personalitätsgefühl. In Waage und Widder aber ist gar nichts ruhig. Gesellschaft bzw. Personalität sind im Werden. Alles nimmt gerade erst Form an, deshalb kann von Ruhe keine Rede sein – gerade weil eine Unzulänglichkeit oder ein Zurückgleiten in ehemalige Verhaltensweisen dem Betroffenen als entmutigende Tragödie erscheinen muß.

Daher hat der Waagemensch das Bedürfnis nach einem kraftvollen Idealismus, sowie er so weit entwickelt ist, daß er soziale Vorgänge bewußt erlebt. Genauso wie der Widdermensch einen Supermann sucht oder einen Meister, auf welchen er die zu Zeiten unerträgliche Last seiner noch ungefestigten Personalität abwälzen kann, so sucht der Waagetypus nach der idealen Gruppe oder Gesellschaftsform, um seine sozialen Bestrebungen in die Wirklichkeit umzusetzen. Daher die Anziehungskraft des theosophischen Konzeptes der Weißen Loge – der perfekten Gruppe – für viele eifrige Waagepersonalitäten, wie z. B. Annie Besant, B. P. Wadia und andere mehr. Daher auch der große soziale Idealismus Ghandis, dessen Sonne in Waage stand.

Weniger entwickelte Waagetypen entfalten sich auf einer Ebene, auf der menschliche Beziehungen am raschesten gedeihen: der der physischen Anziehungskraft. Andere wiederum finden ihr Wirkungsfeld im Reich der Künste. Die Waage ist ja beherrscht vom Planeten Venus, verleiht schöne Züge und Charme, ist ein Symbol für Kultur und ästhetische Feinheit. Die Wirkung der Waage ist überall dort zu spüren, wo *Form* als der Faktor wirkt, der verstreute Elemente zu geordneter Schönheit zusammenfügt.

Oft wird dieser Faktor der Form nicht richtig verstanden. Jede soziale Organisation einschließlich des Industriemanagements beruht auf dem Prinzip der Form. Jede auch nur relativ dauerhafte Beziehung zwischen zwei oder mehr als zwei Einheiten beinhaltet, daß eine Form oder ein Schema festgelegt wurde. Die Wirkung der Nachtkraft innerhalb des ganzen Tierkreises ist nur möglich durch Formen. Ohne Form kommt keine Zusammenkunft zustande. Jedes Kunstwerk ist eine formale Zusammenkunft, eine Organisation getrennter Einheiten, ob das nun Pigmente, Linien, Töne oder körperliche Materialien seien. Das gleiche gilt für die soziale Gruppe. Waage ist der Künstler, der von idealen Formen träumt. Steinbock macht diese idealen Formen konkret und greifbar für lebendige Menschen. Der Traum eines Künstlers vermag die Politik eines Staatsmannes zu inspirieren, siehe Wagners Einfluß auf Hitler, dessen Aszendent in Waage steht und der mehr Künstler als Staatsmann ist – und doch die Macht besitzt, fähige Staatsmänner zu inspirieren.

Neben dem Faktor der Form spielt bei den Aktivitäten und Reaktionen des Waagetypus der Faktor des *Bewertens*, des *Abwägens* eine herausragende Rolle. Das führt uns zu dem der Waage zugeordneten Symbol, dem Wiegeinstrument, genannt Waage. Dieses Symbol ist nicht etwa buchstäblich auszulegen mit der Schlußfolgerung, Waagetypen seien ausgeglichene Menschen. Das trifft wohl auch einmal zu, aber wenn es um wichtige Fragen geht, wird man unter den Waagemenschen genauso oft Extremisten finden, auch wenn diese um der sozialen Harmonie willen scheinbar nachgeben.

Das Symbol Waage hat also eine andere Bedeutung. Das Wiegeinstrument Waage dient zum Wiegen von Gegenständen. Einen Gegenstand wiegen heißt, seine Masse mit einem *sozial anerkannten Standardgewicht* zu vergleichen. Das bedeutet, den fundamentalen Charakter eines Gegenstandes – seine Masse bzw. sein Gewicht – nach einem sozialen Wert zu messen und zu bewerten. Die Masse eines Gegenstandes ist von fundamentaler Bedeutung, weil sie den Gegenstand über den Faktor der Anziehungskraft in eine Beziehung zum Planeten als einem Ganzen setzt, und weiterhin, weil alle Werte unter Bezugnahme auf ein bestimmtes Gewicht in Gold geschätzt werden. Das Instrument Waage ist also ein Symbol für die Bewertung der wichtigsten Merkmale eines Gegenstandes. Es ist nicht ein Symbol für »Gleichgewicht« – ein Mittel für einen Zweck – sondern für die Tätigkeit des Bewertens, des Messens, somit ein Symbol für das Urteil.

Der Waagetypus ist im wesentlichen ein Mensch, der Dinge, Menschen und Ereignisse bewertet, indem er ihnen – traditionelle oder ideale – festgelegte soziale Maßstäbe anlegt. Er nimmt eine Bewertung vor, und obwohl er sich vielleicht seines sozialen Standortes nicht sicher genug fühlt, um im Namen der Gesellschaft ein Urteil zu fällen – wie es der Schütze gnadenlos täte – wird er doch jedes Ereignis abwägen und die Dinge fein säuberlich dort einordnen, wo sie seiner Ansicht nach hingehören. Dabei sind sozialer Nutzen und die Fähigkeit, in der Gruppe harmonisch zu wirken, die hauptsächlich vom Waagemenschen angelegten Maßstäbe, nach denen er seine Bewertung vornimmt.

Diese Maßstäbe beziehen sich auf das Soziale, aber auch auf das Ästhetische.

Wir kommen noch einmal darauf zurück, daß die Waage noch nicht Herr über den sozialen Prozeß ist. Der Waagemensch ist zwar herausgetreten aus dem kritischen Zustand der Selbstprüfung und Selbstdisziplin, wie er in Jungfrau vorherrscht, und hat vielleicht schon die Vision gehabt von der idealen Gesellschaft, dem Neuen Jerusalem, die die vollkommene Stadt, der vollkommene Staat sind. Doch gilt es noch weitere Entwicklungsstufen zu überwinden, bis genug Kraft vorhanden ist, um mit Männern und Frauen diesen Staat tatsächlich zu verwirklichen. So träumt und wägt der Waagemensch, er greift nach der Liebe und er strahlt die Liebe aus, mit der die neue Gruppe, die neue Gesellschaft einmal erbaut werden wird. Doch ist er mehr Künstler als Staatsmann, obwohl er ein ausgezeichneter Manager sein mag. Er ist mehr Seher, mehr Harmoniestifter als Erbauer.

Auf einer anderen Ebene symbolisiert Waage die Saat. Dies ergibt sich folgerichtig aus der Tatsache, daß im Samen die gesamte Vitalenergie der sterbenden Pflanze in starr organisierter Form bewahrt wird. Der Same ist das Symbol für die mystische Bruderschaft, auch für die Selbstaufopferung. So ist dem ersten Grad des Waagezeichens das Symbol des »mit dem Pfeil der Weisheit aufgespießten Schmetterlings« zugeordnet. Das Stadium der Verpuppung entspricht dem Jungfrauzeichen. Jungfrau bereitet in jeder Weise den Boden für Waage vor. In Waage beginnt das neue Leben in Form der Mitgliedschaft bei einer Gesellschaft, beim Leben eines Größeren Ganzen – sei es nun die Kirche oder die Weiße Loge. Waage verweist auf den Initiierten, der sich erhebt vom mystischen Sarkophag in der Königskammer der Pyramide. Er hat seine Vision erlebt. Er hat seinen Platz und seine Funktion erkannt, sowohl in seiner engsten Gruppe als auch im Gesamtuniversum.

Nun erstreckt sich vor ihm der Weg des Dienstes an der Gruppe. Doch wäre dieser Dienst von geringem Wert, wenn er nicht die ganze Realität jenes Größeren

Ganzen mit jeder Faser seines Selbst durch und durch erfahren hätte. In Skorpion dann muß diese Realität sein Gefühl und seine Emotionen, das ganze Wesen seiner Personalität durchdringen und neu beleben. In Schütze muß diese Realität seinen Geist verwandeln. In Skorpion muß die Vision der Waage zu Substanz gerinnen, in Schütze ihre geistige Form finden. Zur Wintersonnenwende jedoch wird das Christ-Kind geboren: Gott wird Mensch, die Menschheit wird Mensch.

Skorpion

Die Phase des Skorpions im Jahreszyklus der Lebenskraft und die Art und Weise, wie sie sich auf der Erde und in der menschlichen Natur ausdrückt, wurde bisher ganz merkwürdig mißdeutet und mit ausgesprochen negativen Attributen bedacht. Das mußte so kommen, weil die Menschen, die das Skorpionszeichen auslegten, es versäumt haben, auch diese Phase in den Gesamtzusammenhang des aus Tag- und Nachtkraft bestehenden Zyklus einzuordnen. Man wertete nur die Reaktionen des Durchschnittsindividuums auf dieses Stadium der sozialen Evolution, sah nicht das Zeichen selbst mit seinen positiven Seiten. Ein weiterer Grund dafür, daß es so kommen mußte, ist, daß in Skorpion die winterlichen Tage und langen Nächte unübersehbar beginnen. Der primitive Mensch schreckt zurück vor dieser größeren Nähe der physischen Dunkelheit. Er schreckt zurück, denn er wurzelt im Boden, ist verwandt mit der Vegetation und dem Leben der Tiere. Skorpion fordert zum Winterschlaf auf; die Fröste des Skorpions besiegeln das Schicksal des rot- und goldnen Laubes. So ist Skorpion zum Symbol des Todes geworden. Nur wenigen Menschen zeigt er Regeneration an, und auch diese wenigen können oft die Bedeutung einer Regeneration nicht realistisch erfassen.

Bei der Besprechung der Waage-Symbolik betonten wir, daß die drei herbstlichen Tierkreiszeichen Wachstumsstufen der Gesellschaft und des sozialen Bewußtseins der Menschheit seien. Während der Herbstzeit steigen – im Verfolg der seit dem Herbstäquinoktium anwachsenden Nachtkraft – gesellschaftsbildende Kräfte mit stets zunehmendem Gewicht hoch. In Waage wurde der Austausch zwischen den Menschen, das Zusammenleben in der Gemeinschaft als Notwendigkeit und als Verhaltensideal ins Auge gefaßt. In Skorpion nun muß diese Vision zur scharf umrissenen, auf drastische Weise unentrinnbaren Wirklichkeit werden. Diese Wirklichkeit muß eindringen in den Menschen, in sein Fleisch und Blut, in die tiefsten Tiefen seiner Seele, in das Wesen seiner Personalität. Die Wirklichkeit muß sich in Triebkraft verwandeln. *Eine solche Triebkraft ist der Sexus in seinen sozialen Aspekten, als Erbauer der Zivilisation.*

Menschen der gleichen Geisteshaltung wie diejenigen, welche das Skorpionzeichen zum verwünschten Zeichen erklärten, haben auch die Gleichsetzung von Sexus und Sünde auf dem Gewissen, wodurch ja die christliche Zivilisation unserer westlichen Welt stark beeinflußt wurde. Alles, was mit dem Sexus zusammenhängt, ist seitdem so überwuchert mit Komplexen und Verhärtungen des menschlichen Verhaltens, daß diese auch durch die scharfsinnigsten Analysen nicht so leicht aufzulösen sind. Doch läßt sich durch umfassendes Verstehen des gesamten Tierkreis-Zyklus der Tag- und Nachtkraft mit hellem Licht in manchen dunklen Winkel leuchten.

Der Sexus hat zwei Grundaspekte : den zeugenden und den nichtzeugenden bzw. sozialen Aspekt. Der erste Aspekt entspricht dem Tierkreiszeichen Stier, der letztere dem Skorpion. Diese Unterscheidung wurde bisher von den Astrologen und Philosophen der westlichen Welt nicht vorgenommen, was sonderbar anmutet, weil ja die Gleichsetzung des Skorpionzeichens mit der gesamten Sex-Aktivität sehr eigenartig wirkt in Anbetracht der

Tatsache, daß Skorpion als spätes Zeichen des Tierkreises dem Herbst zugeordnet ist, also der Zeit, in der die Lebenskraft der Natur in Schlaf versinkt. Der Sexus ist, rein biologisch gesehen, eine Primärfunktion jedes Organismus und müßte eigentlich der Jahreszeit der Tierpaarungen und des Sprießens der Blumen zugeordnet sein. Das Symbol für den Sexus ist der Stier, die Hieroglyphe für Fruchtbarkeit und männliche Kraft.

Stier ist das Zeichen für die rein physiologische, der Zeugung dienenden Paarung, ist eine Phase im Reifungsprozeß der Personalität. Stier steht für die späten Jahre des jungen Menschen – für sein instinktives Drängen nach unbewußter Zeugung, für seinen unsozialen Drang zur Selbstverwirklichung durch Befruchten und Befruchtet-Werden, durch rein emotionale Erlebnisse. Stier ist die Zeit des maximalen emotionalen Ausdrucks der Tagkraft und der reinen Personalität ohne den geringsten sozialen Zusammenhang. Stier ist reine Begierde ohne Geist oder Bewußtsein, ohne Beeinträchtigungen oder Unterscheidungen zwischen dem Individuellen und dem Sozialen: eine generische Kraft, die universal ist und von sich selbst keine Vorstellung hat. Diese Kraft existiert einfach, so wie das Leben einfach existiert.

Das Skorpionzeichen ist dem Stierzeichen polar entgegengesetzt. Das bedeutet, daß Skorpion im gesellschaftsbildenden Halbkreis der aufsteigenden Nachtkraft den gleichen Platz einnimmt wie Stier im personalitätsbildenden Halbkreis der aufsteigenden Tagkraft. Dem Stier-Paarungstrieb steht ein anderer Trieb gegenüber, ein Trieb, der das wesentlichste Charakteristikum des Skorpions bildet. *Es ist dies der Trieb des Individuums, sich mit einem anderen Individuum vollkommen vereinigen zu wollen und mit diesem anderen zusammen ein größeres organisches Ganzes zu bilden.*

In Waage wird dieser Trieb anerkannt als ein Motiv für soziales Benehmen und Gruppenverhalten, doch schlummert in der Tiefe des Waagegefühls noch so sehr viel

Individualismus, und die Tagkraft ist noch zu stark, als daß die Personalität schon völlig aufgehen könnte in einer unauflöslichen Vereinigung mit einem anderen Wesen. Waage ist der Zustand eines zwischen abnehmenden Individualismus und zunehmendem Kollektivismus schwankenden Gleichgewichts. In Skorpion jedoch wird das Verlangen danach, ein einzelnes Individuum zu sein, mit *dramatischer Intensität* überwältigt vom Drang, unbedingt mehr sein zu müssen als man selbst ist, und vom Verlangen danach, in ein anderes Wesen einzumünden, so wie ein Bach einmündet in einen Strom, und wie ein Strom ins Meer einmündet. Dies ist der transzendente und soziale Aspekt des Sexus. Es ist nicht mehr der zeugende Sexus der späteren Jugendjahre, welcher *aufbauen* will, sondern es ist der nichtzeugende, soziale, ja der mystische Sexus der reifen Jahre: ein Sehnsuchtsschrei nach Selbstvergessen und danach, sich *durch ein anderes Wesen* mit einem größeren Ganzen – ja, mit Gott selbst – zu vereinigen, wie es der Orient und die meisten geheimen Traditionen sehr wohl verstanden haben.

Zu allen Zeiten ist der Sexus als Tor zum kosmischen Bewußtsein bekannt gewesen. Es wurden Rituale geschaffen, um diesem Drang eine transzendente Richtung zu geben und ihn auf ein vorgefaßtes Ziel hinzuleiten. In den Tantras der Hindus und bei einigen Formen des Yoga werden solche Rituale hervorgehoben. Die Tempel der Antike waren Zeugen solcher Vorgänge, und auch in vielen Gesellschaften der westlichen Welt wurden insgeheim Praktiken gelehrt, die diese Energievereinigung einem größeren Kraftreservoir zuleiten wollten. Seit den Anfängen des Christentums aber wurde unser Thema mit dem Schleier des Geheimnisses verhüllt. Es soll hier nicht der praktische Okkultismus besprochen werden, doch ist es unmöglich, das eigentliche Wesen des Tierkreiszeichens Skorpion zu verstehen, ohne daß man sich darüber klar ist, daß in Skorpion die Kraft des Sexus nicht als zeugende Kraft, sondern als ein Mittel zu gelten hat, durch das der Mensch sich aus den engen Grenzen seines Selbst befreit und eine Ekstase erlebt, die ihn *über sich selbst hinausträgt.*

Wie ist aber dieses »über sich selbst hinauswachsen« zu verstehen? Das Bild, das im menschlichen Bewußtsein als erstes aufsteigt angesichts einer solchen ekstatischen Vereinigung ist die Seelenhochzeit, bei der zwei Wesen ineinander aufgehen in einer transzendenten Vermählung, wie sie am Beginn der Schöpfung vom Leben, oder von Gott selbst verordnet wurde. Diese romantisch-ideale Vereinigung gehört nicht ins Reich des Stierzeichens mit seiner der Zeugung dienenden Paarung, nein, es ist das Reich des Skorpions, das von der Vorstellung einer idealen Vereinigung durchlodert ist. Vollkommene Transzendenz gewinnt die Idee bei jenen Mystikern, die aufwärts schweben zur Vereinigung mit einem geliebten Wesen, d. h. mit dem Leben, mit Gott, dem Meister – oder wie nun dieses mystische Andere zu nennen sei – bei und in dem sich das Selbst seiner Grenzen entledigt und kosmisches Bewußtsein erlangt.

Dies ist jedoch nur ein Aspekt des Aufgehens in einem Größeren Ganzen. Ein anderer Aspekt findet im Christentum sein Symbol in der Vereinigung eines geweihten Individuums mit der Kirche als seiner mystischen Braut. Der Einzelne geht auf in der geheiligten Gemeinschaft, mit der gleichen tiefsinnigen und emotional glühenden Hingabe wie bei der vollkommensten leibseelischen Vereinigung zweier Menschen. Zu wissen, daß die Gemeinschaft existiert, und bereit zu sein, für sie zu arbeiten, das ist Waage-Wirklichkeit. In Skorpion jedoch muß eine *Identifikation* stattfinden. Skorpion symbolisiert den Sexus als übersinnliche Identifikation, ohne jeden Gedanken an physische Zeugung – tatsächlich oft in einer jede Möglichkeit einer Zeugung ausschließenden Weise. Mit dieser übersinnlichen Identifikation triumphiert die Nachtkraft – die geistige Wirklichkeit der Zivilisation ist geboren.

Der eigene Hausstand (Krebs) fußt auf dem Sexus des Stierzeichens, die Zivilisation (Steinbock) aber erwächst aus dem durch Skorpion umgewandelten Sexus, die *die Brücke* der Umsetzung ins Geistige durch Schütze mit seinem sozialen Enthusiasmus passiert hat. Hier berühren wir das vieldiskutierte Thema »Kultur *gegen* Zivilisation«. Die Kultur wurzelt in den von Stier und der Tagkraft freigesetzten Energien, die Zivilisation dagegen in den von Skorpion und der Nachtkraft freigesetzten Energien. Die Kultur befaßt sich mit Besonderheiten, die Zivilisation mit allgemeinen Werten. Kultur beruht auf Traditionen, die durch das Klima, die geographische Lage, und durch biologische Faktoren bedingt sind, die von Generation zu Generation weitervererbt werden. Zivilisation dagegen resultiert aus der Arbeit schöpferischer Genies und bedeutender Führer, welche mit ihren Visionen und Einsichten zahllose Menschengeister befruchten. Die Zivilisation, die sich in der Schützephase entwickelt, wurzelt in Skorpion – in dem starken Trieb aller Menschheitsführer, sich unaufhörlich in den gewaltigen Mutterleib der Menschheit zu ergießen.

Dieser Wille zur Zivilisation ist ein typischer Aspekt des skorpionischen Sexus, der ja vom Verlangen getrieben ist, sein eigenes Selbst mit dem größeren Ganzen der Menschheit zu identifizieren, sich zu verwandeln durch Befruchten der Gesellschaft und Empfangen einer göttlichen Befruchtung. Auch diese transzendente sexuelle Aktivität zeitigt Früchte, doch sind es Früchte sozialer Natur, Früchte des Geistes und der Seele. In dieser Aktivität wirkt die Nachtkraft, so wie in Stier bei der fruchttragenden Paarung zweier Menschenleiber die Tagkraft wirkt.

Das Bild skorpionischer Kraftausgießung hat aber auch negative Züge. Sie werden gespeist von der abnehmenden Tagkraft, die zu diesem Zeitpunkt in ihren Handlungen introvertiert und subjektiv und – vielleicht unterbewußt – grollend ist. Die dunklen Züge der Zivilisation sind Machtgier und sinnliche Begierden. Machtgier entsteht in Individuen, die sich nicht mit dem Größeren Ganzen vereinigen, sondern jene Energien an sich ziehen, welche durch das Zusammenleben der Menschen, durch den Austausch von Werten und von der Wirtschaft produziert werden und die Grundlagen der Gesellschaft bilden. Der Handel, entstanden oder endgültig etabliert auf der Waage-Ebene, trägt in Skorpion vielfache Früchte. Werden nun diese Früchte aus Machtgier vom Menschen monopolisiert, entsteht *soziale Sünde*. Jeder Mensch, der die Produkte des sozialen Wertaustausches mißbraucht, begeht eine Sünde gegen die Gesellschaft. Alle aus Machtgier gegründeten großen Handelsgesellschaften, alle Politiker, die ihre Machtbefugnisse ausnutzen, alle Gauner und Verbrecher, alle Führerpersönlichkeiten, die mit Furcht und Massenleidenschaften spekulieren, begehen Skorpionsünden. Sie gieren nach sozialer Macht – anstatt als getreue Diener der Zivilisation die Gesellschaft zu befruchten und das eigene Schicksal mit dem ihres Volkes zu identifizieren.

Das gleiche gilt für die Menschen, die stets und ständig nach sexuellen Vergnügungen und Selbstzufriedenheit streben. In solchen Zügen kann nur der negative Skorpion-Aspekt gesehen werden. Die negative Tagkraft verkehrt die von der hochsteigenden Nachtkraft erzeugten neuen Energien und verwendet sie für ihre eigenen Zwecke. Wenn die Tagkraft nicht handeln kann, fängt sie an zu träumen. Sie erzeugt Bilder und Versuchungen, sie steigert die Begierden. Sexuelle Neurosen entstehen, wenn das Verlangen eines Menschen danach, einzumünden in einen größeren Kraftstrom in Gestalt eines anderen menschlichen Wesens oder einer Gruppe, frustriert wird. Begierden entspringen meist dem Gefühl, abgelehnt worden zu sein, eine Niederlage erlitten zu haben, so wie auch Kriminelle oft verhinderte Tatmenschen sind, die es vielleicht vermocht hätten, mit ihrem Genius die menschliche Gesellschaft zu befruchten.

Skorpion ist kein verwünschtes Zeichen. Sünde und Not finden sich nur dort ein, wo die große schöpferische Kraft entstellt oder pervertiert ist, wo Furcht und Komplexe ausgelöst wurden durch sinnlose, aber als Tugenden ausgegebene Traditionen, oder wo chaotische oder lasterhafte soziale Zustände herrschen. Die unerfüllte Personalität, die in Stier das freie Spiel der Kräfte nicht erlebt hat, schreckt zurück vor dem positiven Skorpionschritt zur Wiedergeburt durch Teilnahme am Leben der Gesellschaft. Anstelle eines erhebenden Gefühls der Vereinigung mit anderen Menschen, durch welche eine Regeneration zu erlangen wäre, herrscht das Gefühl der Frustriertheit vor, das den Menschen unfähig macht, den Schritt zur Vereinigung zu tun. Der Mensch fühlt Groll gegen die Gesellschaft, gegen das ganze Leben. Groll und unterbewußte Gewalt zerstören die Möglichkeit eines Aufstieges zu einem befreiten höheren Zustand, sie haben ihr Symbol im giftig-stechenden Skorpion, in dessen Schwanz sozialer und individueller Tod lauert.

Es ist nicht so, daß der Skorpion sich zum Adler regenerieren sollte, wie die Symbolisten zu sagen pflegen. Der Skorpion ist eine Degeneration. Er ist nicht das natürliche Produkt einer gesunden Entwicklung. Der Adler, oder besser noch, der Phönix, ist ein zutreffenderes Symbol für die Realität dieser auf Waage folgenden Phase des natürlichen Zyklus einer alljährlichen Verwandlung. Der Phönix symbolisiert die Geburt des Lebens auf einer neuen Ebene durch Verbrennen aller Fesseln im Feuer. Dieses Feuer ist das eigentliche Symbol für die Energie, die in dem Menschen brennt, wenn er auf seiner Reise durch den Tierkreis die achte Phase erreicht hat. Dieses Feuer zerstört geringere Formen und lockt größere herbei, die dann während der Schützeperiode zu entwickeln sind. Dieses Feuer ist der transzendente und okkulte Aspekt jenes Sexus, der sich so stark unterscheidet von dem instinktiv zeugenden Trieb, der rein irdisch-fruchtbaren Kraft in Stier.

Viel ist schon gesagt worden über die Gründlichkeit, Rücksichtslosigkeit, über den Ehrgeiz, die Grausamkeit, Eifersucht und Leidenschaftlichkeit jener Menschen, in deren Horoskop Skorpion dominiert. Und doch ist es bemerkenswert, wie viele Menschen, die keine »Skorpione« sind, diese Eigenschaften haben, und wie viele Skorpiongeborene all diese Züge nicht aufweisen! Bei vielen historischen oder noch lebenden Personalitäten sind diese negativen Züge das unmittelbare Resultat eines *archaischen sozialen Zustandes.*

Der Skorpiontyp identifiziert sich stets mit der Gesellschaft, und die Leidenschaften der Gesellschaften sind auch seine Leidenschaften, die Entzückungen und Herrlichkeiten der Gesellschaft sind auch seine Entzückungen und Herrlichkeiten. Durch den Skorpionmenschen strömen die Kräfte sozialer Vorgänge mit bezwingender Intensität. Wenn diese Energien destruktiv werden, verwandelt sich der Skorpionmensch in einen meisterhaften Zerstörer, einen rücksichtslosen Bandenführer oder Verbrecher. Wenn die Menschheit einmal gelernt hat, ausgeglichen, harmonisch und gesund als ein organisches Ganzes zu leben, werden ihren Skorpiongeborenen Flügel wachsen und sie werden als wahre Adler mit der Sonne Zwiesprache halten.

Skorpion ist eines der vier symbolischen Tore, durch welche ein *Avatar* geboren werden kann, d. h. ein Mensch, der ein Sprachrohr des generischen Vaters der gesamten Menschheit ist, der Gott genannt wird. Skorpion symbolisiert die Macht Gottes als dem erhabenen Zivilisationsstifter einer einigen Menschheit – und es ist bedeutungsvoll, daß der von Millionen Avatar und Manifestation Gottes genannte Mensch ein Skorpiongeborener war: Baha Allah, der große persische Prophet, der vor knapp hundert Jahren die Einigung der Menschheit durch eine neue Weltordnung proklamierte und das Empordämmern eines großen Zeitalters einer organischen Menschheit ankündigte.

Im Zeichen des Schützen erreicht die seit der Sommersonnenwende wachsende Nachtkraft ihren höchsten Stand. Die Kraft, die in Waage und Skorpion mit aller Macht danach strebte, den Horizont und das Gefühl des Menschen auszuweiten, schöpft nunmehr aus dem Vollen, fast ohne Behinderung durch die gegnerische Tagkraft, die jetzt ihren Tiefstand erreicht hat. Der Kollektivismus überwältigt den Individualismus. Die Gesellschaft dominiert über die Personalität, das Ferne über das Nahe.

Dies ist das Alter für große Abenteuer in den weiten unerforschten Bereichen der Verallgemeinerung, der Religion und Philosophie, der Abstraktion und der Metaphysik. Dies ist die Zeit für Kreuzzüge und Wallfahrten, für das brennend-intensive Suchen nach Gott, nach überall und zu allen Zeiten gültigen ewigen Werten, für das Suchen nach dem Absoluten. Es ist das Alter für soziale Bewegungen, für Fanatismus, Märtyrertum und Intoleranz, das Alter, in dem die Menschen den Sinn für die Erde verlieren, die engen Gefühle für Selbsterhaltung und Sicherheit, das Streben nach persönlichen Glück – es ist das Alter, in dem die Menschen das alles verlieren und auf den Flügeln der Selbstverleugnung zu fernen sozialen oder mystischen Idealen aufsteigen und freudig für sie sterben.

Das soziale Bewußtsein, das mit Waage-Verhalten und Skorpion-Emotionen im Menschen wuchs und Konturen annahm, gewinnt in Schütze folgerichtig neue Geisteshorizonte. Während im entgegengesetzten Tierkreiszeichen Zwillinge der Mensch eifrig bemüht war, ein dichtes Netz für nahe Verbindungen herzustellen: das Nervensystem, das logische System des Intellekts, sozusagen Verfahren, mit denen er seine Wißbegier nach den Erscheinungen in seiner Umgebung zu stillen suchte, erstrebt in Schütze das von sozialen und mystischen Faktoren völlig absorbierte Individuum Verbindungen *mit der Ferne*. Diese Verbindungen sind zum Beispiel die Telefon- und Telegraphie-Leitungen, dazu die abstrakten Systeme der Gesetze, Anordnungen, Vorschriften, die das zufriedenstellende Funktionieren eines komplexen Organismus der menschlichen Gesellschaft – einer Stadt oder eines Staates – ermöglichen.

Verbindungen, ob nun mit der Nähe oder der Ferne, bedeuten Intelligenz und geistige Aktivität. Also sind Zwillinge und Schütze geistige Zeichen. Ersteres Zeichen steht für den in der engeren Sphäre der Personalität funktionierenden Geist, letzteres für den Geist, der in der weiteren Sphäre der Gesellschaft wirkt. In beiden Fällen wirkt die geistige Aktivität direkt und konstruktiv. In Jungfrau dagegen (und, wie wir später sehen werden, auch in Fische) wirkt der Geist in destruktiver, kritischer und, wenn alles gut geht, auch regenerativer Weise.

Auf der Endstufe sowohl der Tagkraft als auch der Nachtkraft wirkt der Geist aufbauend. Hier sind die Energien der Tierkreis-»Gezeiten« konzentriert, erhöht, zur Kulmination und höchsten Strahlkraft gebracht. Der Geist steht beide Male unmittelbar vor der Sonnenwende. In den Tierkreiszeichen vor den Tagundnachtgleichen jedoch ist Geist eine völlig andere Kraft. Diese Kraft räumt die Bühne leer für neue Aktivitäten. Diese Kraft verneint und reinigt und sagt immerzu: Nicht dieses! Nicht jenes! Der Geist sagt dem Menschen, was er vergessen, was er zurücklassen, was überwinden, was umwandeln soll. In Jungfrau müssen des Löwen personale Emotionalität und dramatische Selbstverhätschelung gezügelt werden durch Selbstdisziplin, Hygiene und Hingabe an einen Lehrer. In Fische dagegen müssen des Wassermannes sozialer Eifer, übertriebener Idealismus, mystische Phantasien und Selbsttäuschungen weganalysiert werden. Die Illusion vom Glanz Gottes muß hingeopfert, und die Armut Gottes, wie die echten Mystiker sie nannten, in Personalität und Wirklichkeit erfahren werden.

In Schütze strebt der Mensch danach, die in Skorpion gefühlsreif erlebten Werte in ein *funktionierendes System* einzuordnen. Im vorhergehenden Abschnitt seiner Reise durch den Tierkreis versucht das Individuum sich innig, aber auch kraß real mit anderen Wesen zu vereinigen, auf daß es mehr werde als vorher und sich zu identifizieren vermöge mit dem pulsenden Leben eines größeren Organismus. Zuerst mag dieser größere Organismus bestehen aus zwei sich vereinigenden Wesen, die voll ekstatischer Liebe sexuelle Erfüllung suchen ohne jeden Gedanken an Nachkommen und Fortpflanzung des Selbst. Der typische größere Organismus jedoch ist die soziale Gruppe (oder okkulte Loge), mit deren Leben sich der Skorpiontyp gefühlsmäßig identifiziert, und zu deren Sprachrohr er sich oft macht – in destruktiver oder konstruktiver Weise, je nach Charakter und Zweck der Gruppe.

Skorpion ist ein Machtzeichen, und Macht sucht immer eine höhere Stufe, um sich auf eine niedrigere Stufe zu ergießen und sie zu befruchten und zu beherrschen. In Schütze aber ist Macht schon inbegriffen. Der Mensch *ist* identisch mit der Gruppe, der Gesellschaft oder einer sonstigen organischen Lebensform, die umfassender ist als er selbst. Ihm steht nutzbare Macht zu Gebote. Mit dieser Macht vermag er aufzubauen. Indem er die Macht zügelt, kann er sich in die Ferne und Weite bewegen.

Das uralte Symbol für Schütze, der Zentaur, ist ein mystisches Geschöpf, halb Roß, halb Mensch, das seine Pfeile in den Himmel abschießt. Sagt man, mit diesem Symbol sei der Kampf zwischen der menschlichen und der tierischen Natur dargestellt, so ist zu wenig gesagt – denn Kämpfe zwischen einander entgegengesetzten Energien ziehen sich durch den gesamten Tierkreis. Das Symbol hat einen tieferen und spezielleren Sinn. In allen Ländern der Welt bedeutet das Symbol Pferd männliche Kraft, und zwar jene besondere Kraft, mit der der Mensch sich identifizieren kann, die er zu besteigen und mit deren Hilfe er seinen Wirkungsbereich auszudehnen vermag. Mit Stier-Kraft kann er das nicht, denn der Stier steht für unbewußten, unzähmbaren, reinen Instinkt – für eine kosmische Kraft der Begierden. Der Mensch kann den Stier zwar mit dem Schwert töten (Stierkämpfe), aber niemals bewußt für seine Entfaltung nutzbar machen. So ist Stier kosmische Sexualkraft. Der Mensch ist ihr Werkzeug, bis er sie durch Askese abtötet (das Buddha-Symbol der Kraftbezwingung).

Anders der Sexus des Schützen, dessen Kraft zähmbar und nutzbar ist. Daher das *Pferde-Symbol*. Stutenmilch verleiht große Vitalität – ihr Genuß ist deshalb in Rußland und Asien üblich. Sich mit der Kraft des Hengstes zu identifizieren ist weltweit das Symbol für Aufladung mit nutzbarer Kraft – ob nun für konstruktive oder destruktive Zwecke (die auf wilden mogulischen Pferden reitende Goldene Horde Dschingis Chans). Der Schützetyp wird also mit Kraft identifiziert – mit jener Kraft, die in den Lenden brennt und sich bei der Ausübung von *Yoga* im Bereich des Sonnengeflechts konzentriert, eine Tatsache, die der Psychoanalytiker einbezieht, wenn er Träume von Pferden verschiedener Farben auszulegen hat. Die eine Hälfte des Schützesymbols bedeutet »Kraft«, die andere Hälfte denjenigen, »der Kraft benutzt«, d. h. den bewußten menschlichen Geist. Ein dritter Wert, das Attribut des Pfeiles und Bogens, bezieht sich auf Richtung und Zweck. Der Zentaur schießt im Winkel von 45° nach oben – ein Symbol für die maximale Mobilisierung von Energien.

Die Zentauren waren Söhne von Gäa, der Erde. Mit anderen Worten, sie waren Produkte einer Idendifikation mit den Kräften des Planeten – eines größeren Organismus. In Schütze ist der Mensch, der sich mit durch die Gesellschaft und den komplexen Austausch zwischen den Menschen (Sexus, Wirtschaft, Handel, Kunst, Propaganda, etc.) entstandener Energie identifiziert, – ist dieser Mensch eben krafterfüllt. *Sein Problem ist, wie er diese Kraft in die richtigen Kanäle leitet.* Das Problem des Schützen hat nichts zu tun mit einem Kampf zwischen zwei Naturen, sondern vielmehr mit einer Entscheidung über die *Richtung*, welche die Kraft in seinen Lenden zu nehmen hat. Im Symbol des Zentauren ist diese Richtung mit dem Winkel angegeben, in dem er seine Pfeile abschießt.

Den Schützetypen beschäftigt vornehmlich Rationalität und Richtung von Arbeitsleistungen. Er ist der typische Verwalter von Kraft, ein menschliches Werkzeug für Kraft. Ein Manager leitet und organisiert einen Kraftstrom so, daß er bei einem Minimum von Kraftverlust und höchstmöglicher Geschwindigkeit und größter Reichweite eine maximale Leistung erbringt. Den typischen exekutiven Geschäftsführer dagegen finden wir vor allem in Steinbock, denn der Geschäftsführer ist das Symbol für die Arbeitsorganisation als Ganzes in ihrem Verhältnis zur Gesellschaft als Ganzem. Er ist der Mittelpunkt und das Symbol für den Staat. Schütze ist der Ministerpräsident, Steinbock der König oder Kaiser – und Wassermann der Reformer.

Die Geistigkeit des Schützemenschen ist geschlossen und schlüssig – daher sein eigenwilliges, unnachgiebiges Wesen. Die Richtschnur für Schützegeistigkeit ist der Handlungsplan, das Gesetz. Auf einer anderen Ebene ist diese Geistigkeit völlig besessen von ethischen Gesichtspunkten als Funktionssystemen für menschliche Beziehungen, nicht als Träumen von Idealisten. Der Schützemensch ist nicht in erster Linie Idealist. Er wünscht das Vorhandene zu erweitern, zu organisieren und zum Funktionieren zu bringen, indem er alle möglichen Verbindungen zwischen allen Teilen des Ganzen ausfindig macht und ihr ordnungsgemäßes Funktionieren überwacht. Er interpretiert neue Ziele, er erfindet sie nicht. Er kodifiziert. Er sucht neue Bedeutungen, neue Gedankendimensionen. Er klärt dunkle Punkte auf. Er durchdringt einen Schleier nach dem anderen. Doch im Gegensatz zum Skorpion- und noch stärker zum Wassermanntypus verliert er sich dabei nicht in wilder Identifikation mit grenzenlosen Kräften oder mystischen Erkenntnissen. Er entfernt sich niemals von seinem Sinn für Grenzen, Formen, für einen bestimmten Handlungsrhythmus. Er ist nicht Adler, er ist Pferd. Seine Kraft stammt aus der Realität des Bekannten und Erlebten. Wohl mag er mit seinen Pfeilen nach den Sternen schießen, seine Füße aber verbleiben auf der Erde, die er liebt, weil sie seine Kraftquelle ist.

Sie ist seine Kraftquelle, doch ist er nicht an sie gebunden. Er *nutzt* sie. Er verwaltet ihre Kraft. Er behandelt sie gut, so wie ein mogulischer Krieger oder ein Nomade gut umgeht mit seinen Pferden, weil er weiß, daß er von dieser Kraft abhängig ist, um ein Maximum an Leistung zu erzielen, ja, um sein Leben zu fristen. Deshalb legt der Schützemensch Wert darauf, seinen Leib, seine Muskeln zu trainieren, den Boden unter den Füßen zu spüren. Er legt Wert darauf, mit anderen Menschen zusammenzuarbeiten, in Gemeinschaft zu sein. Allein jedoch ist der Schützemensch niedergeschlagen und unruhig, und (als weniger vergeistigter Typ), wenn er in einem engen Raum eingeschlossen ist. Er braucht freien Raum um sich, große Zimmer. Er liebt sehr, das Leben anderer Menschen zu organisieren – oft mit unerfreulichen Resultaten! Er hantiert gerne mit Macht und fährt gerne schnell.

Im modernen Leben haben das Automobil und der Panzer den Platz des Pferdes eingenommen. Ihre Kraftquellen sind Öl – Öl aus der Tiefe der Erde. Führende Persönlichkeiten wie Churchill oder General de Gaulle haben als erste den Wert des Panzers für die moderne Kriegsführung erkannt: sie sind Schützegeborene. Und im Horoskop des Gründungstages der Vereinigten Staaten, dem Land der Automobile, der Freiluftkultur und des Sports, ist Schütze höchstwahrscheinlich aufsteigend.

Auf höherer Ebene hat Schütze eine Beziehung zur Religion, doch nur zur *organisierten* Religion mit ihren

Ritualen. Die Religion als organisierte soziale Kraft entspringt der Sehnsucht des einzelnen Menschen nach psychischer Identifikation mit der Gesamtheit des Gemeindelebens. Religion ist ein Gemeinschaftsunternehmen, das gespeist ist von der Sehnsucht des Menschen nach kollektiver Vereinigung. Priester und theokratische Herrscher sind die Verwalter dieser gemeindlichen Energie. Der Prophet verleiht ihr Form. Er erschafft Erlösungsbilder, vereinheitlichende Symbole. Er projiziert sich selbst als ein solches Symbol. Er wird zur mythischen Persönlichkeit, zum Sonnenbild. Er ist die Seele der Gemeinde. Er ist die zu einem vollkommenen Menschen verdichtete Menschheit, die Projektion von Gottes Vaterschaft selbst.

Ein Philosoph und Metaphysiker – auch ein Produkt von Schütze-Aktivität – ist derjenige, der inmitten der verwirrenden Komplexität der sozialen und natürlichen Erscheinungen eine funktionierende Ordnung schafft. Dies kann er, weil er alle möglichen verborgenen Verbindungen und Beziehungen zwischen Ereignissen erkennt, Verallgemeinerungen auslegt und in Gesetzesform zwingt. Er bewegt sich im Reich der Ideen. Er bewegt sich dabei mit Hilfe einer Kraft, die ihm durch seine Identifikation mit den *Bedürfnissen seiner Gruppe* zuwächst. Nichts kümmert den höheren Typus des Schützemenschen mehr als die Nöte seiner eigenen Zeit, die Nöte der Gemeinschaft, der er angehört. In diesem Erkennen von Nöten und der Identifikation mit ihnen liegen die eigentlichen Quellen seiner Kraft als Denker, Seher und Formulierer. Er selbst verkörpert diese zu Form und Namen geronnen Nöte. Er ist Dolmetscher, Deuter von Omina, von Zeichen der Zeit, er ist Planer, Prophet, Seher. Und was er sieht, das sind eben die *sozialen Nöte* vor seinen Augen. Er ist der Diener der Gemeinschaft.

Die negativen Züge des Schützegeborenen zeigen ihn als Fanatiker oder Puritaner (auch der traditionelle puritanische Zug der Amerikaner läßt auf Schütze als Aszendenten schließen). Weil die personalisierende Energie der Tagkraft in Schütze ihren niedrigsten Stand erreicht hat, nimmt der unter diesem Zeichen Geborene sehr wenig Rücksicht auf das Individuum. Willentlich opfert er alles Persönliche und Individuelle auf dem Altar des Gemeinwohls. Die spanische Inquisition ist eine typische Schütze-Erscheinung (Spanien wird von Schütze beherrscht), denn unter ihr wurden individuelle Personalitäten gefoltert, um die Seele zu retten. Das Nahe wurde dem Fernen geopfert. Auch skorpionische Frustrationen mögen zu Schütze-Fanatismus führen, der dann sadistische Züge annimmt und noch wilder und grausamer ausfällt. Demnach steht es in Schütze nicht nur so, daß die Gemeinde sich das Recht anmaßt, sich selbst auf Kosten von Leiden und Tod einzelner Individuen aus ihrer Mitte zu retten, sondern auch so, daß der Mensch, der für sich das Recht in Anspruch nimmt, diese religiös-soziale Macht anzuwenden, beim Foltern sogar eine perverse Begeisterung fühlt. Auf diese Weise führt (freiwillige oder erzwungene) persönliche Askese zu Grausamkeit. Beim Schützemenschen ist das objektive und positive Empfinden für das Individuelle so vage, für das Soziale dagegen so überwältigend stark ausgebildet, daß er zu Zeiten Zuflucht nehmen muß zu unterbewußten Täuschungen und zum erregenden Reiz der Gewalt, um sich des Gefühls zu versichern, daß er eine abgeschlossene Persönlichkeit für sich ist. Ziemlich oft werden bei ihm solche Handlungen zur Regel, besonders weil das Chaotische der mittelalterlichen und modernen Gesellschaft ihn mit destruktiven Kräften erfüllt. Oberflächlich betrachtet, mag also der Schützegeborene als ausgelassenes Individuum und arrogante Personalität erscheinen. Dies kommt daher, daß er allein vor nicht-individualistischen Kräften kapituliert. Die am Punkt ihrer geringsten Stärke angelangte Tagkraft muß sich anstrengen, um sich selbst Stärke vorzugaukeln. Die Tagkraft braucht kräftige Nahrung, um wieder ganz wach zu werden – und wenn das dann geschehen ist, handelt sie zeitweise archaisch und wie unter einem Zwang, was genauso unangenehm wirkt wie die negativen skorpionischen Züge, aber vielleicht noch gefährlicher ist, da eine Verschärfung durch intellektuelle Mechanismen dazukommt. Jupiterisches Mitgefühl verwandelt sich in mehr oder weniger unbewußten Sadismus.

Schütze ist das Präludium für Weihnachten. Wie der Schnee, so absorbiert auch Schütze alles Kleinliche im großen Schoß der Stille, aus welcher die Tagkraft neugeboren hervorgehen wird. Die gleiche Geistigkeit, die alles Leben einwebt in den großen Teppich der kosmischen Beziehungen, wird zur Mutter des Lebendigen Gottes. Der Schützegeborene besitzt den Heroismus, die Selbstverleugnung und die liebende Tyrannei aller Mütter. Er beendet eine Ära und eröffnet eine neue. Er trägt Göttlichkeit.

Steinbock

Die Zeit der Wintersonnenwende ist gekommen, die das Tor zu Steinbock öffnet. Die Tage sind sehr kurz geworden, kürzer werden sie nicht mehr. Die Natur versinkt in der Ruhe der langen Winternächte. Die zerfallenen Überreste des Lebens ruhen in Frieden unter der alles überziehenden Schneedecke. Der Tod scheint die Alleinherrschaft über das sichtbare Universum angetreten zu haben. Und doch ist irgendwo und für alle Zeiten ein neues Christkind geboren.

Mit der Sonne steigt das Leben wieder hoch von der südlichen Neige. Die Sonne bewegt sich wieder nach Norden, ihr Lichtbogen wird täglich steiler und strahlender. Eine Vorahnung von Frühling breitet sich wie ein mystisches Feuer über die Erde und verkündet den Menschen guten Willens, daß neues Leben dem Tod Einhalt gebietet.

Woraus besteht nun dieses neue Leben? In der schönen Erzählung von Christi Geburt hat es ein Symbol gefunden, das in noch viel älteren Mythen verwurzelt ist. Wer ist dieser Ewigkeits-*Christos*? In aller Ewigkeit wird seine Bedeutung frisch und lebendig bleiben, gleich, ob die Menschen an den historischen oder religiösen Christus glauben oder nicht: er ist die Tagkraft, jener Teil der bipolaren Lebenskraft, die als *personalisierende* Energie die verstreuten und aufgelösten Überreste eines vorhergegangenen Zyklus umwandelt zu einem neuen organischen Ganzen, das vollkommen ist, weil es von Grenzen bestimmt ist, das schöpferisch ist, weil es bewußt ist. Dieses neue organische Ganze im Reich der Menschheit wird heranwachsen zu einer erfüllten Personalität, das heißt, zu einem Individuum, das sich seiner relativen Einmaligkeit bewußt ist, dessen Mittelpunkt das Gefühl seiner »Ich-bin-heit«, das Ego, ist. Jener Christos ist die Kraft im Universum, welche die Menschen zur Individuation führt. In diesem Grund und Boden wurzelt die Vorstellung von Gleichheit und Demokratie, vom abstrakten Wert des Individuums, von der Würde und Unberührtheit der Personalität. Dies ist der Grund und Boden für die selbstverständlichen Wahrheiten, für die Unabhängigkeitserklärung, dies ist der Mittelpunkt für die Menschenrechte.

Jener Christos ist die universale Energie der Tagkraft, solange sie im Winter und Frühjahr zunimmt. Geboren wurde sie zur Wintersonnenwende, und von diesem Tage an nimmt sie zu auf Kosten des gegenüberliegenden Poles, der Nachtkraft, die hinfort abnimmt. Die Nachtkraft ist eine zusammenfassende, *kollektivierende* Energie. Durch die Magie der menschlichen Verbindungen weitet sie die Personalität aus zur Gesellschaft. Sie beginnt mit der Familiengründung beim Symbol der Sommersonnenwende, in Krebs, dem Zeichen für Heim und Hausstand. In den Tierkreisphasen Jungfrau und Waage erweitert sie Schritt für Schritt die Sphäre der Familie. Sie erwärmt den Menschen für seine Verantwortung seiner Nachkommenschaft gegenüber und für eine Teilnahme an sozialen Gruppen. Sie treibt das Individuum an, eine immer tiefere Identifikation mit immer größeren Kollektiven zu suchen. Sie bringt der Menschheit die Verallgemeinerungen und die Entdeckungen der Zivilisation, durch deren Entfaltung verschiedene Generationen, ebenso auch verschiedene Völkergruppen und verschiedene individuelle Errungenschaften miteinaner verbunden werden – bis die einzelnen Personalitäten entdecken, daß sie nur relativ unwichtige Zellen im großen Organismus der menschlichen Gesellschaft sind. Stammesgruppen und kleinere Völker verschwinden mit der Zeit. Die Tage des Weltreiches sind gekommen. Der Staat herrscht absolut, und sein Machtsymbol Cäsar findet eine Vervielfältigung durch sein Bildnis auf dem allgegenwärtigen, allmächtigen, alles korrumpierenden Geld.

Cäsar und Christos: die Wirkung beider erstreckt sich durch den ganzen Tierbereich des Steinbocks. Cäsar steht auf der Höhe seiner Macht, Christos ist ein verfolgtes Kind. Das Reich Cäsars verfällt alsbald, die Macht Christi aber nimmt zu im Verlauf der Wassermann- und Fische-Periode, bis sich diese Macht als unwiderstehliche Herausforderung des Lebens und der Personalität erhebt – im Frühjahr, wenn mit Widder die Tagkraft hoch aufsteigt. In Steinbock sucht sich die individuelle Kraft der Personalität einen Weg und will sich freikämpfen vom Übergewicht des Staates. Die Nachtkraft triumpiert. Die Gesellschaft gilt als Nonplusultra in jenem allumfassenden kollektiven Organismus des Staates, der selbst seine eigenen Führer dominiert. Der weite Geistesflug der Zivilisation während der Schützeperiode, getragen von den Flügeln philosophischer, wissenschaftlicher und sozialer Gedanken, hat einen festen Punkt erreicht. An die Stelle von Sehern, die ins Jenseits blicken, treten jetzt Organisatoren des Staates. Unsichere ferne Grenzen müssen von Verwaltungsbeamten beobachtet und durch Armeen geschützt werden. Zentrale Behörden müssen bindende Verordnungen erlassen, mit denen die verschiedensten Völker und Rassen, einander entgegengesetzte Gedankenrichtungen und Traditionen unter einer unpersönlichen Herrschaft vereint werden.

Das einstige kaiserliche Rom der Cäsaren ist heute nicht mehr die Zitadelle römischer Bürger, ist nicht mehr das kraftvoll-robuste Rom der frühen Tage. Rom ist heute eine wild wuchernde Hauptstadt, eine Weltstadt. Ebenso ist ein Mensch, der die Entwicklungsperioden Skorpion und Schütze erfolgreich durchlaufen hat, nicht mehr das unmittelbar aggressive Ego, das seine sozialen Unsicherheiten hinter dramatischen Gesten verbirgt. Das Ego hat eine Ausweitung erfahren, indem es in sozialen Gruppen Fuß faßte, Partnerschaften aller Art erlebte, sich identifizierte mit all jenen fremdartigen und verwunderlichen Mächten, die aus der Vergangenheit aller Kollektive erwachsen, aus jenem Reservoir unauslotbarer Energien, welches man das kollektive Unbewußte nennt.

Dieses kollektive Unbewußte überflutet allmählich das erst rein personale Ego mit berauschender Kraft, ausgelöst durch den nicht der Fortpflanzung dienenden Sexus und die Zivilisation. Der Mensch erliegt diesen Kräften entweder, indem er sich passiv der Lust und dem hektischen Rhythmus des Großstadtlebens ergibt – oder er meistert aktiv diese Kräfte. Dann wird er in Skorpion zum Adepten, in Schütze zum Philosophen. Sein Ego lehnt es ab, sich auszuweiten zu einem machtgierigen Monstrum, das unaufhörlich nach immer mehr Lust, Wissen und Geld giert, es hat eine grundlegende Metamorphose durchgemacht. Es hat seine Energie einem größeren Organisations- und Bewußtseinszentrum unterstellt – nämlich dem Selbst, dem Zentrum sowohl für die Sphäre des Bewußten als auch für die die letztere umgebende, ungeheuer große Sphäre des Unbewußten.

Der auf sein Ego als Zentrum ausgerichtete Mensch ist nur ein beschränkter und engbegrenzter Lebens- und

Bewußtseinsorganismus, symbolisch ausgedrückt, ein kleiner Stamm, ein kleiner Staat für sich, der von allen anderen Personalitäten abgegrenzt ist. Sein Löwe-Stolz ist seine ewige Fessel. Seine kreativen Gesten wurzeln im engen Bereich seines persönlichen Erlebens und seiner geograpischen Umgebung. Wenn der Mensch aber damit aufgehört hat, seine Gefühle, Bewertungen und Gedanken immer nur auf sein eigenes beschränktes Dasein zu beziehen, wenn der Mensch aufgrund sozialen Austauschs, durch Liebe, Erziehung und Weltverständnis, durch Handel, Reisen und weltweite Kontakte die gesamte Weite der zivilisierten Welt seiner Zeit zu *assimilieren* vermag – dann muß er ein neues Bezugssystem entdecken, eine neue Bewußtseinsordnung akzeptieren, damit er alles Erworbene unterbringen kann. Die feste Burg seines Ego verläßt der Mensch, der umzieht in die Metropole seines größeren Selbst. Doch kann es auch passieren, daß er nach diesem Umzug aus seinem eigenen kleinen Machtzentrum nur zu einem kleinen Gefolgsmann am Hof eines mächtigen Kaisers wird und rein passiv teilhat an der Größe und dem Ruhm des Weltreiches.

Die Entwicklung eines kleinen Stammes zu einem Weltreich wie dem Römischen Weltreich gleicht der Entfaltung der Personalität, deren engstirniges Ego und individueller Stolz sich entwickeln zu einem Zustand, in dem der Mensch entweder Meister eines größeren Lebens oder rein passiv Anwesender in einer größeren Machtgruppe wird, aus der er sein Wissen, seinen Lebensunterhalt und seine Macht in widergespiegeltem Glanz bezieht.

Steinbock ist also das Symbol für alle jene Staatenverbände, die ganze Territorien, ganze Gruppen verschiedener Völker in sich vereinigen mit allem, was dazugehört, besonders Politik und das Spiel mit der Macht. Für den Einzelmenschen dagegen symbolisiert Steinbock jenen mystischen Daseins- und Bewußtseinszustand, den der vollkommene orientalische *Yogi* am genauesten wiedergibt, weil er – obwohl er allein lebt – seine Personalität zu einem Kosmos ausgeweitet hat, über den er eine besondere Art von Aufsicht führt. Auch wenn er ein Bettelmönch sein sollte, besitzt ein solcher Yogi den Reichtum aller Gesellschaften und hat teil an der Macht und dem Ruhm überirdischer Heerscharen. Nichtsdestotrotz steht Steinbock auch für den Höfling, der einem Potentaten zu Füßen liegt und von diesem Krümchen von Macht empfängt, oder für den modernen Politiker (oder Bürokraten), der als kleines Rädchen in einer großen Maschine dem Staat die Kraft abzapft, die er braucht, um ihm zu dienen.

In Krebs erfährt die Personalität die Erfüllung ihrer Selbstheit durch einen Lebenspartner und einen eigenen Hausstand, doch schlummert in dieser Erfüllung auch schon der Same jener Kraft, welche schließlich über das individuelle Ego siegen wird. Der Triumph der Gesellschaft über die Personalität lauert schon in der ehelichen Umarmung, die im Augenblick des Geschehens dem Menschen nicht mehr als eine Erhöhung seines Selbst und seiner Kräfte bedeutet.

In Steinbock scheinen die Gesellschaft und alle kollektivierenden Lebenskräfte mit der Errichtung des machtvollen Staates zu triumphieren. Auch der individuelle Mensch, der es zu einem Beruf und einer sozialen Funktion gebracht hat, scheint sich in diesen Formen lebenslang konsolidiert zu haben. Und doch schlummert in diesen steinböckischen Errungenschaften auch schon der Keim der Zerstörung. Hinter jedem vollkommenen Staat droht unvermeidlich die Revolution. So ist auch keine berufliche Errungenschaft von Dauer, weil die Gesellschaft nicht statisch ist und weil aus dem ewig bewegten Fluß der sozialen Beziehungen und Möglichkeiten ebenso ewig neue Herausforderungen für die etablierte Ordnung auftauchen mit jeder neuen Generation, jeder neuen Erfindung und jedem neuen, zwar schon beherrschten, aber noch nicht assimilierten Material.

Der Steinbock-Staat kann nicht erstarren, da er definitionsgemäß auf sich immer mehr und weiter ausdehnenden Faktoren gegründet ist, nämlich auf Geld und Handel, auf metaphysischen Spekulationen, die sich konkreten Maßstäben entziehen, und auf Religionsorganisationen, die dann durch jene Menschen zerstört werden, die sich ihren Glauben am innigsten zu Herzen nehmen und als Mystiker und Heilige in ihr eigenes Leben einverleiben. Ein kleiner Stamm kann mit seiner Organisation Jahrtausende überdauern, weil er so konkret ist, weil der Wert seiner Gesetze offenkundig, die Einheit des Blutes unwiderlegbar ist. Ein Weltreich jedoch muß seine Grenzen oft verlegen, seine Politiker müssen Kompromisse schließen und Vereinbarungen treffen mit neuen Kräften, die auf den Geschmack der Macht gekommen sind, nach immer mehr Macht streben und schließlich ihre Führer vernichten. Die Reichen *müssen*, um ihren Reichtum zu vermehren, die Massen erziehen, erstens zu Technikern, welche ihre Maschinen bedienen können, und zweitens zu Konsumenten, welche die Produkte der Maschinen absorbieren. Doch die dermaßen erzogenen Massen werden sich eines Tages erheben. Die Zivilisation – der Gott des Steinbocks – zerstört sich immer wieder selbst dadurch, daß sie ihren Herrschaftsbereich und ihre Macht überzieht. Und es sind dann gerade der Zivilisation wakkerste Kinder, welche die Zerstörung einleiten, nämlich die Reformer und Träumer, jene Geister, die sich mit keiner Errungenschaft zufriedengeben. Ihren Seelen ist die Wassermann-Signatur aufgeprägt.

Warum fühlen sich die wassermännischen Reformer zutiefst unzufrieden mit dem *Status quo*, warum erstreben sie Umwandlungen und Revolutionen? Weil sich die neuerwachte Tagkraft in der Tiefe ihres noch unbewußten Seins rührt. Mit der Zerstörung des Seienden, die sie in die Wege leiten, bringen sie nach Christi Worten »nicht den Frieden, sondern das Schwert«. Die Wassermann-Reformer treten in die Fußstapfen des Steinbock-

Sehers. Dieser verkündet den Aufstieg eines in den unbewußten Tiefen des Weltreiches geborenen neuen kraftvollen Menschentyps. Er verkündet auch den Aufstieg einer unterdrückten Klasse, die, von ihren eigenen Herren aufgerührt, bewußt und habgierig geworden ist.

Der neue Menschentyp ist der Christos, der zur Wintersonnenwende in der Krippe geborgen lag, in der Tiefe einer Menschheit, deren Bewußtsein sich noch kaum über das Tierhafte erhoben hatte. Es ist ein neuer Personalitätstyp in einer neuartigen Heimstatt. Beides wird erst während der kommenden Krebsperiode Vollkommenheit erlangen, doch fängt beides schon an, Form anzunehmen, tief im mütterlich-friedvollen Schnee, der das gewaltige Samenpotential der Erde bedeckt hält. So wie die Gesellschaft im Endzustand des Weltreiches die reife Frucht ist, die in der ehelichen Umarmung erst Same war, so läßt sich auch die zu vollem Glanz ausgereifte Personalität zurückverfolgen zu ihren Anfängen in Form jener Saat, die zur Zeit des Höhepunktes des einstigen Weltreiches »unter Schafen und Ziegen« gesät wurde: die Christos-Saat. Diese Saat ist der Quell der Tagkraft. Sie ist der Brunnquell jenes lebendigen Wassers, das der Wassermann, der Wasserträger, im Überfluß aus seinem Gefäß schütten wird.

In Steinbock ist die Christos-Saat fast noch nicht wahrzunehmen, denn das riesenhafte Bauwerk der Nachtkraft überspannt die wiedererwachte Tagkraft. Zu erkennen ist die Tagkraft aber schon im Herzen des *Yogi*, des Sehers, beim zurückgezogenen Einsiedler, im Bergsteiger, der einsam auf schneebedeckter Gipfelhöhe steht, im abgesondert lebenden Individuum, das, nachdem es den gesamten Gehalt des kollektiven Unbewußten in der kraftvollen Struktur seiner Selbstheit assimiliert hat, zu einem Mutterleib für die Menschheit wird. In diesem Mutterleib, der aus einem geschlossenen menschlichen Entwicklungszyklus besteht, empfängt der zum *Sämann* gewordene voll hingegeben das vom Himmel herabkommende

Neue Leben. Neun Monate sind vergangen, seit in Stier die fruchtbare Erdennatur von der Sonne durchglüht wurde. Die Natur ist bereit, den Neuen Menschentypus zu gebären.

Dieses Geheimnis schlummert in der unbewußten Tiefe der vornehmsten Steinbock-Geborenen. Sie tragen in sich eine lebende Saat, können aber die Bedeutung der Saat noch nicht verstehen. In ihrer Verzweiflung, Einsamkeit, Frustration suchen sie Vergessen entweder in sozialer Aktivität oder in sozialen Sünden, in Rauschmitteln. Sie streben nach Macht, aber Macht befriedigt nicht – sie wissen das. So suchen sie Lust und exzentrische Vergnügungen, um die innere Leere zu überdecken. Man nennt sie selbstsüchtig, aber sie tragen nur eine Maske. Sie wagen nicht, die Maske abzulegen aus Angst, ihr gesellschaftliches Ansehen und ihre ehrgeizigen Bestrebungen könnten in nichts zerfallen, wenn sie das neugeborene Kind in ihrer Seele anbeten.

Ein typischer Steinbockgeborener war Woodrow Wilson. Intuitive Menschen identifizieren ihn mit dem Pharao Echnaton, der als erster in der westlichen Welt den transzendentalen Monotheismus verkündete. Diese neue Religion mit nur einem Gott, die er seinem unwillig reagierenden Volk aufzwang, wurde nach seinem Tode wieder zerstört. Ähnlich versuchte Wilson seinem Volk seinen eigenen erhabenen internationalen Idealismus und seine Vision von einer vereinigten Menschheit aufzuzwingen. Im Ägypten des XIVten Jahrhunderts vor Christus bedeutete der Monotheismus als Religion eine neue Art des menschlichen Bewußtseins. Heute dagegen ist die Vereinigung der Menschheit wie eine Frühlingsahnung einer neuen Menschheit und zugleich eine konkrete Grundlage für sie. Ein edler Steinbock-Geborener – mit allen Fehlern und der ganzen Einsamkeit des Steinbocks – machte den Versuch, der Menschheit die Erkenntnis dieser neuen Geburt zu übermitteln. Er scheiterte, weil sein Volk nicht über die Schatten der eigenen Schwerfälligkeit und die seiner Politiker zu springen vermochte. Nun nimmt ein Wassermann-Geborener die Bürde des Neuen Lebens auf sich.

Wenn die Zeit reif ist, setzt das Neue Leben sich durch. Die Saat des neuen Menschentypus durchbohrt die Kruste der zerfallenen Materie des einst von einem Cäsar errichteten mächtigen Staates, denn nach den Aquinoktialstürmen der Fischeperiode läßt der Frühling die Saat keimen. Cäsar wird stets überwunden vom Christos. Die Vereinigte Menschheit muß siegen über die imperiale Maschinerie, die von Schützekräfte ausnützenden Machtgruppen aufgestellt wurde, – muß siegen über Maschinen und Propaganda, über Panzer und Fanatismus, über Verkörperungen imperialen Ehrgeizes. Im Zyklus des Lebens ist statische Erfüllung nicht möglich. Jeder Wert kehrt sich einmal um in sein Gegenteil. Das Rad bewegt sich unentwegt weiter. Tagkraft und Nachtkraft spielen miteinander im ewig neuen Drama des Lebens.

Wassermann

Mit Wassermann erreichen wir das letzte der fixen Zeichen, jenen Zeichen, die *Kraft freisetzen*. Kraft ist Energie, die zur zweckvollen Benutzung durch vorbereitete Instrumente bereit steht. Wie diese Kraft geartet ist, hängt ab vom Charakter der zu benutzenden Energie. So wie die fixen Tierkreiszeichen auf die kardinalen Zeichen folgen und es zwei grundverschiedene Typen kardinaler Zeichen gibt – diejenigen, die mit den Tagundnachtgleichen (Widder und Waage), und diejenigen, die mit den Sonnenwenden (Krebs und Steinbock) beginnen – so gibt es auch bei den nachfolgenden fixen Zeichen zwei grundverschiedene Typen.

Wir können also von Äquinoktial-Kraft (Stier und Skorpion) und von Sonnenwend-Kraft (Löwe und Wassermann) sprechen. Die Äquinoktial-Kraft ist schon getragen von der intensiven Dynamik der Äquinoktialzeichen Widder und Waage – den Zeichen mit der maximalen Sonnengeschwindigkeit in der Deklination, bei denen Tag- und Nachtkraft am gleichmäßigsten verteilt sind. Die Sonnenwendkraft offenbart die ganz stark konkrete Aktivität während der Sonnenwendperioden (Krebs und Steinbock), die beginnen, wenn die Sonnenbewegung in der Deklination auf eine Minimalgeschwindigkeit reduziert ist: in dem einen dieser Zeichen triumphiert die Tagkraft, im anderen die Nachtkraft.

Dort, wo die kardinalen Zeichen intensive Dynamik und Unstabilität ausdrücken, müssen die darauffolgenden fixen Zeichen diese dynamische Aktivität gleichsam eingrenzen und zähmen. So handelt Stier, der die ungestüme und vielseitige Widder-Energie einem organischen Nutzen und konkreten Zwecken zuführt – so leitet auch Skorpion den oft diffusen Waage-Eifer über in einen Zustand standfester Identifikation mit einem bestimmten Zweck oder einer bestimmten Person (daher Eifersucht, Grausamkeit, u. ä.). Dagegen muß, wenn das kardinale Zeichen Konzentration entweder auf die Personalität (Krebs) oder auf eine bestimmte Gesellschaftsform (Steinbock) anzeigt, die vom nachfolgenden fixen Zeichen demonstrierte Kraft sich als Energiefreisetzung oder -ausbruch manifestieren.

Diese Freisetzung wird das, was im kardinalen Zeichen aufgebaut und konzentriert wurde, entweder verherrlichen und erweitern oder zerstören und umwandeln. So kann ein Kraftstrom in Löwe entweder – durch eine Liebesgeschichte, durch Spielen oder unmäßige Gesten – die persönliche Integrität und den Hausstand stören, oder aber durch Erzeugen eines Nachkommen die Familie konsolidieren. Ähnlich kann Wassermann durch Erfindungen, soziale Verbesserungen und das Preisen bestimmter sozialer Tugenden den Staat und die Zivilisation konstruktiv weiterentwickeln, er kann aber auch Revolutionen bringen und den Umsturz von Staat und

Zivilisation durch einen neuen Menschentyp und neue Ideale, die zu tolerieren der existierende Staat sich blindlings weigert oder gegen die er kämpfen muß, weil es ihm unmöglich ist, sie zu assimilieren.

Der Unterschied zwischen den Merkmalen der Sonnenwende und denen der Tagundnachtgleichen ist von größter Wichtigkeit, wenn man die Dynamik des Tierkreises verstehen will. Dieser Unterschied drückt sich aus in der traditionellen Tierkreis-Terminologie, laut der die kardinalen Äquinoktialzeichen (Widder und Waage) als maskulin und die darauffolgenden fixen Zeichen (Stier und Skorpion) als feminin gelten, während die kardinalen Sonnenwendzeichen (Krebs und Steinbock) als feminin, und die darauffolgenden fixen Zeichen (Löwe und Wassermann) als maskulin bezeichnet werden. Die femininen fixen Kraftzeichen konzentrieren die maskulinen kardinalen Aktivitätszeichen. So ist Stier die die Erde durchdringende Sonnenkraft, und Skorpion ist die Kraft der menschlichen Beziehungen oder der sozialen Partnerschaft, die entweder auf sexuelle Identifikation oder auf Geschäfte und Gesellschaften fixiert ist. Die maskulinen Kraftzeichen wiederum setzen das frei, was in den femininen Aktivitätszeichen konkretisiert oder verfestigt wurde. So symbolisiert Löwe die der geformten Personalität und der festgegründeten Familie entströmende schöpferische und zeugende Kraft, und Wassermann stellt die sich ausweitende und durch ihre Erfinder, Seher und Revolutionäre reformierend wirkende Zivilisation dar.

In Steinbock ist der individuelle Mensch ein Politiker, ein sozialer Automat oder ein von einer neuen Vision heimgesuchter und sie verarbeitender Eremit. In Wassermann kann das Individuum ein Rebell sein, ein echter Reformer, oder ein eigensinniger Spinner, der seine Privatvorstellungen von Sozialreformen an den Mann zu bringen versucht. Er kann Anhänger einer neuen Religion sein, die großen Teile der Menschheit neue Kraft verleiht. Er mag soziales Märtyrertum auf sich nehmen mit der gleichen Leidenschaft, mit der ein Löwemensch in unbändigem Stolz an seinen eigenen Schöpfungen und theatralischen Emotionen hängt. Der Wassermann-Mensch ist der soziale Mensch, der sich leidenschaftlich darum bemüht, dem Zustand ein Ende zu machen, in der er weiter nichts ist als eine Kreatur des Staates. Er will die Kraft seiner unauslöschlichen gefühlsmäßigen Bindungen an die Tradition unbedingt einer sozialen Gruppe eingießen, die sich der Reform – irgendeiner Reform – geweiht hat. Er ist jenes Parteimitglied, das seiner Partei niemals treuer ist als in dem Augenblick, in welchem sie von den Konservativen angegriffen oder vom Staat selbst verfolgt wird. Er ist der Fanatiker, der kein individualistisches Steuerrad besitzt, mit dessen Hilfe er seinen Fanatismus rational ausrichten könnte. Doch ist er auch der Edison, der mit seinem erfinderischen Genius einen sozialen Auftrag erfüllt, ist der Befreier, der ein Volk aus Fesseln erlöst und die Zivilisation erneuert, ohne dabei ihre Grundstrukturen zu zerstören. Er vermag neuen Wein in alte Flaschen zu füllen, kann aber auch alte Flaschen entzweischlagen und den Wein verinnen lassen, wenn ihm keine zulänglichen Behälter zur Hand sind.

Heutzutage wird gerne das Loblied des edlen Wassermannes gesungen. Dies ist zu verstehen, weil die Menschheit eine Zeit raschester Umwandlungen und sozialer Umpolungen durchmacht. Die feudalen und bürgerlichen Strukturen der europäischen Zivilisation zerbrechen unter den Angriffen der wachgerufenen Zerstörer. Die Menschen spüren die Notwendigkeit einer Umwandlung, auch wenn sie dies im Bewußtsein verzweifelt ablehnen. Daß dem steinböckischen Konservatismus das Urteil bereits gesprochen ist, weiß jeder Mensch mit etwas Verstand, doch bringen es die privilegierten Klassen und die Wächter der traditionellen Religionen nicht über sich, die Schlüssel zu einer Ordnung zu übergeben, deren Zerstörung ihre eigene Vernichtung und eine Zeit des Chaos bedeuten würde. In Europa vollbringt der

Krieg, was durch die Revolution begonnen wurde, in Amerika jedoch steht die Streitfrage, ob Reform oder Revolution, noch offen. Eine Reform in den Händen der besten Wassermann-Geborenen könnte eine Rückkehr zur gewaltigen Vision eines Schütze-Amerika bedeuten, eine Rückkehr zu seinem Moralgefühl und seinem gesunden Streben nach großen Abenteuern und religiösen Träumen. Eine Revolution in Amerika würde bedeuten, daß die Schütze-Werte in den Händen negativer Steinbock-Typen verhärtet wären, daß nur noch die Zerstörung dieser harten Schalen uns befähigen würde, die kleine, leise Stimme des Christos, des Neuen Lebens, zu vernehmen.

Wieso Schütze-Werte? Weil es in Schütze ist, daß universale Prinzipien und soziale, religiöse Ideale wahrgenommen werden von einem Geist, welcher sich hoch erhebt über persönliche, völkische und geographische Bereiche, hoch hinauf in die Sphäre der entferntesten Verbindungen und Verallgemeinerungen. Was bedeutet denn Demokratie und das Prinzip einer universalen Bruderschaft der Menschen, wenn nicht die äußerste Verallgemeinerung, die der Mensch in menschlichen Beziehungen zu erreichen vermag? Stammesgesetze – auch in der von den Nazis erweiterten Bedeutung – basieren auf unmittelbaren menschlichen Verbindungen, auf persönlichem und emotionalem Erleben. Die demokratischen Gesetze jedoch vergewaltigen unsere archaischen Instinkte, die ja in blutsgemäßer Exklusivität und Kulturstolz verwurzelt sind.

So ist es kein Wunder, daß durch die Verhärtung des modernen demokratischen Schütze-Ideals zu Steinbock-Politik der altvererbte Haß und die Klassenvorurteile jenen Grund zurückgewinnen wollen, den sie über lange Zeitalter innegehabt haben. Mit der Demokratie (deren grundsätzliche Bedeutung für die menschlichen Beziehungen wichtiger ist als ihre äußere Form des parlamentarischen Systems) erreicht der Schütze-Geist einen noch höheren Grad der Verallgemeinerung, als er bisher von der universalen katholischen Kirche errungen wurde. Katholizismus bedeutet wörtlich Universalismus. Das Christentum beruht auf jener höchsten Verallgemeinerung, daß jedes menschliche Wesen Anwärter auf die Sohnschaft Gottes sei. Diese Verallgemeinerung wurde dann jedoch eingeschränkt und kristallisierte sich zu einer Kirche, welche der spirituellen Errettung Grenzen setzte und für alle Ungläubigen das Feuer der Hölle vorsah. Symbole für diese steinböckischen Grenzen sind das Papsttum und die Römische Kirche des Mittelalters – und diese schrien schließlich geradezu nach Reformatoren und Rebellen, die sie wieder einreißen sollten.

Die Demokratie aber – in der weitesten und tiefsten Bedeutung des Wortes – ist eine noch größere Verallgemeinerung, die sich nicht auf die religiöse und ethische Sphäre beschränkt, sondern alle Werte des menschlichen Verhaltens erfaßt und sie umpolt, bis alle rassischen Unterschiede, alle Emotionen in menschlichen Beziehungen, alles auf Abstammungs-Assoziationen beruhende Besitzdenken entwurzelt sind. Die Demokratie, die ein Ideal ist, muß konkret werden in Form eines angewandten Systems einer sozial-politischen Organisation. Wenn dies geschieht, werden Schütze-Werte durch Steinbock-Methoden ersetzt oder von ihnen dominiert. Die ideale Demokratie verwandelt sich in angewandten Föderalismus. Was die Vereinigten Staaten im Verlauf der 170 Jahre ihrer Existenz demonstriert haben, ist ein eher zögernder, unzuverlässiger demokratischer Geist, ein eigensinniges Festhalten an oft verdrehten und pervertierten Mechanismen des föderalistischen Systems. Wir sehen es als gegeben an, daß Parlamentarismus mit Demokratie gleichzusetzen sei, daß der Respekt vor Majoritätsentscheidungen einer einmal gewählten Gruppe von Volksvertretern demokratisches Handeln garantiert. Das ist aber naiv, da alles davon abhängt, *wie* Wahlen durchgeführt werden und ob dabei etwa ein finanzieller, sozialer oder psychologischer Druck ausgeübt wird, um eine bestimmte Entscheidung der Wählerschaft zu erzwingen.

In Steinbock erleben wir daher, wie politische Maschinerien, wie persönliche Diktaturen triumphieren mit Hilfe bestimmter Techniken, mit denen die öffentliche Meinung gesteuert wird. Wir erleben die Personalität, die sich seit dem Aufsteigen der Tagkraft im Laufe des Zyklus entwickelt hat, nun aber als Individuum vergessen ist. Dieses Individuum ist zwar wahlberechtigt, seine Stimme kann aber gekauft und dirigiert werden durch emotionale Aufrufe an die Massen.

In Wassermann dagegen erleben wir einerseits die Freisetzung all jener konstruktiven oder destruktiven Kräfte, die das moderne Großstadterleben in Form materiellen Komforts und neuartiger Technologien, aber auch in Form geistiger Verwirrung, moralischer Vergiftung und physiologischer Zersetzung zu erzeugen imstande ist, – andererseits die vielen Versuche des verstädterten Menschen, sein individuelles Gefühl für Werte und seine persönliche Integrität wiederzugewinnen durch kleinere oder größere Rebellionen, durch Exzentrizitäten, einseitigen emotionalen Fanatismus, durch Vereinigung mit Außenseitern und Sondergruppen.

Unter dem Motto »Zurück zur Natur« (Vegetarier, Rohköstler, Nudisten etc.), im Namen des »Gesetzes der individuellen Demokratie« (anarchistische Ideologien verschiedenster Couleur) oder der »Universalen Bruderschaft« (spirituelle, esoterische Gruppen) versucht der verstädterte Mensch jene Schütze-Vision wiederzubeleben, die von Steinbock-Weltstädten und Steinbock-Machtgruppen verraten wurde. Daher auch das Verlangen des Wassermann-Geborenen nach dem Ungewöhnlichen und dem Fremden, nach ausgefallenen Moden oder nach jenen Bewegungen, welche die wahren Grundlagen der Demokratie und der Freiheit des Menschen neu beleben und einsetzen wollen.

Bei all diesen Versuchen, sich von den sozialen Maschinerien, von der Dominanz des Geldes und der Machtgruppen zu befreien, stützt der Wassermann-Geborene sich sehr oft gerade auf die sozialen Kräfte, die er eigentlich verdammt. Dies hat insofern seine Richtigkeit, als der Wassermann ja weiter nichts kennt als soziale Handlungen und soziale Organisationen. Sein Personalitätsgefühl ist noch sehr vage oder höchst negativ. In Wassermann ist die personalisierende Energie der Tagkraft noch sehr schwach und kaum zu Taten fähig. Sie macht sich nur fallweise bemerkbar, oft nur als bloße Reaktion auf andere Personalitäten, die teilhaben an einer sozialen Situation.

So wie der Löwe-Mensch *große soziale Gesten* macht, nur um sein tief verstecktes Gefühl sozialer Unsicherheit oder seine Minderwertigkeitskomplexe zu verbergen, so ähnlich macht der Wassermann-Geborene *große persönliche Gesten*, um sein vor sich selbst meist verleugnetes Gefühl persönlicher Unsicherheit und seine Furcht vor wirklich starken Personalitäten zu verbergen. Diese Furcht kann sich unter günstigen Umständen in Hingabe verwandeln, doch ist es auch möglich, daß im Schatten dieser Hingabe ein gewisser Groll lauert, eine ganz geringe Hoffnung, man könne sich dem Gegenstand der Anbetung irgendwie überlegen erweisen.

Der Wassermann-Mensch spürt in seiner innersten Tiefe ein Neues Leben, doch was es mit diesem Neuen Leben auf sich haben könnte, das bereitet ihm Angst. Er könnte ja dazu gezwungen werden, auf eine soziale Basis zu verzichten. Er könnte ja zu einem echten Individuum werden und sich das selbst beweisen müssen durch einen völlig unemotionalen Frieden, der allein in einer leisen Stimme wurzelt, die vorerst nur aus einer Vorahnung, einem verwirrenden Versprechen besteht. Der Wassermann-Geborene lehnt es glatt ab, seine sozialen und familiären Bindungen aufzugeben, es sei denn im Rahmen einer theatralisch-modischen Zurschaustellung, um sein

Prestige unter Freunden zu erhöhen. Außerdem bedeutet der Sprung in die Tiefen der eigenen Personalität ein gefährliches Abenteuer für ihn, weil individuelle Selbstheit einen ganz geringen Sicherheitswert für ihn besitzt. Das Ideal eines sich seiner Selbstheit gewissen Individuums erweckt in der Regel eine rein intellektuelle Zustimmung in ihm. Im Grunde genommen fürchtet sich der Wassermann-Mensch davor, nur er selbst zu sein ohne jede soziale oder kulturelle Stütze, genauso wie der Löwe-Führer Angst davor hat, nichts weiter zu sein als ein soziales Wesen ohne das persönliche Privileg, andere Geschöpfe seines engsten Lebenskreises anzuführen.

Lincoln definierte den wahren Demokraten als einen Menschen, der es ablehnt, Herr über Sklaven zu sein. Der Löwe-Mensch aber möchte in seinem Lebenskreis führen, weil jede andere soziale Stellung ihm Angst bereitet, besonders die eines Gleichen unter Gleichen. Der typische Wassermann-Mensch dagegen kann sehr wohl als Gleicher unter Gleichen wirken, denn er fühlt sich wohl in Gesellschaft und er bedient sich dabei völlig unbekümmert der ihm durch Familientraditionen oder gesellschaftlich zugewachsenen sozialen Macht. Doch ist er abhängig sowohl von einem sozialen als auch einem legalen (bzw. fiktiv legalen) Status, um selbst das Gefühl haben zu können, *die Gesellschaft brauche ihn.* Er muß das Gefühl haben, er sei von schicksalhafter Wirkung für die Menschen, die er anführt – während der Löwe-Herrscher sich schon allein in dem Gefühl sonnt, ein Herrscher zu sein, weil er gerne herrscht und dabei das Empfinden hat, sich damit der Gesellschaft angepaßt zu haben. Ein Wassermann-Typ kann allen Ernstes auf Macht verzichten und, wenn es nötig ist, abdanken. Der Löwe-Typ tut dies nur, wenn er meint, durch eine solche noble Geste sein soziales Prestige noch mehr aufbessern zu können als durch ein Festhalten an einem vielleicht unsicheren Thron.

Wenn ein durch Steinbock organisiertes Kollektiv dem Ideal für eine Gesellschaft nahegekommen ist, kann ein

Wassermann-Geborener aus dem Kollektiv hervorgehen als Vertreter dieses perfekten organischen Ganzen. In einem solchen Fall wird er zum Bevollmächtigten der Gruppe, wird zum Samen, der nach Verlassen des gereiften elterlichen Organismus dessen gesamte Vitalkraft in sich trägt. In Wassermann ergießt sich die Kraft der Christos-Saat in den wieder jungfräulichen Boden; diese Saat wird keimen, wenn ihre Zeit gekommen ist und wird ihre Samenform aufgeben, um als neue Pflanze wiederzuerstehen.

In diesem Geiste kamen große Menschen, die in ihren Personalitäten den gesamten progressiven Trend der europäischen Kultur assimiliert hatten, in die Neue Welt und identifizierten sich hier mit der neuen Zivilisation. Sie brachten Amerika das Geschenk ihrer europäischen Weisheit und Personalität, wirkten – symbolisch gesprochen – als *Sämänner*, als echte Wassermänner. Der ideale Steinbock ist die Weiße Stadt selbst, die Weiße Loge, deren »Geburtstag« zeitig im Januar gefeiert wird – innerhalb des Jahreskreises ein Gegenpol zum Datum der Unabhängigkeitserklärung, ein in der Tat bedeutsames Symbol! Und die »Wassermänner« des Geistes sind jene mystischen Persönlichkeiten, welche zyklisch hervorgehen aus der Weißen Stadt, aus der Fülle Gottes, um das lebendige Wasser des Neuen Lebens auszugießen.

Daher also das Symbol des Wassermannes, des Wasser-Trägers, der auf seinen Schultern einen Behälter trägt, aus dem sich ein Wasserstrom zur Erde ergießt. Dieses Gefäß ist ein Symbol, es ist der mystische Samensack des Sämannes, dem die Substanz einer neuen Menschheit entströmt. Es ist auch das Symbol für die regenschwere Sturmwolke, welche die zukünftige Ernte bewässert und den Blitz losläßt – der einst von den Ariern zum Gott *Rudra* erhoben worden war. Blitzeskraft wirkt nicht nur destruktiv, sondern ist auch ein Mittel, um den für die Lebensvorgänge notwendigen Stickstoff aus der Luft zu lösen.

Kraft fließt stets von einem höheren zu einem niedrigeren Potential, vom Erfüllten hin zum Unerfüllten, Wartenden. Die Kraft des Wassermannes kann – vielleicht wahrhaftiger als die Kraft jeden anderen fixen Zeichens – Gottes Kraft sein. So gibt es Menschen, die erwarten, daß die mächtigste Ausgießung des schöpferischen Geistes eine göttliche Manifestation des Wassermann-Zeitalters sein wird. Vielleicht überflutet dieser Strom schon jetzt die Menschheit. Vielleicht ist der Archetyp Mensch bereits Fleisch und Blut geworden, und der menschliche Geist wird schon bald die Fülle und den Glanz jener Offenbarung wahrnehmen, die konkret wird durch die Vielen, die aus der Weißen Stadt kommen werden als Saat für die neue Menschlichkeit.

Dies ist die Verheißung des Wassermannes, dessen lebendige Wasser von Himmelshöhen herabfließen und die Menschheit insgesamt durchtränken, auf daß in ihren Kindern und Kindeskindern die neue Personalität – der Vollkommene Mensch – geboren werde.

Fische

Fische ist die letzte Phase der Sonnenreise durch den Tierkreis. Die Tagkraft, die immer mehr an Stärke gewinnt, nähert sich dem Punkt, an dem sie gleich stark ist wie die Nachtkraft und sie zu überwinden vermag. Die Christos-Saat – zur Wintersonnenwende in den verborgenen Tiefen einer Welt aktiviert, in der bislang Begriffe wie soziale Gesittung und Staat völlig dominierten – hat sich nun soweit entfaltet, daß sie anerkannt werden muß von einer Gesellschaft, die fast zusammenbricht unter dem Gewicht ihrer Versteinerungen. Gegen das ehemals machtvolle Weltreich branden von allen Seiten Wogen destruktiver Energie, stürmen Barbaren mit überraschenden Invasionen. Neues Blut fließt ein in die alten Herrscherklassen und verwandelt sie völlig. Stolze Isolationisten werden einfach fortgeschwemmt, wenn sie sich weigern, mit hinaufzuschwingen mit dem hochsteigenden Wellenkamm des nahenden Frühlings – so wie die durch die Fischeperiode rasenden Äquinoktialstürme die winterlichen Eisberge in den nassen Tod treiben.

Die Fischezeit ist eine Zeit der Stürme und des allgemeinen Zerfalls. Doch mögen es auch Fische-Stürme sein, die mutige Visionäre schicksalhaft antreiben, neue Welten zu entdecken – so wie sie auch jene Vielen vernichten und ersticken können, welche sich jeder Veränderung eigensinnig widersetzen. Fische ist eine Ära scharfer und wilder Umpolungen, eine Ära des reinigenden Fegefeuers.

Traditionsgemäß ist dieser Monat vor der Frühlings-Tagundnachtgleiche eine Fasten- und Bußzeit. Beginnend mit dem Karmittwoch muß der dem Neuen Leben Hingegebene sich freiwillig mit dem Tod aller etablierten Strukturen identifizieren. Er muß sich dem Zustand der Einpuppung ergeben um des zukünftigen Schmetterlings willen. Fische ist die mystische Sintflut, die Zeit der universalen Auflösungen. Der Mensch muß die Auflösung aller Strukturen akzeptieren, die Neptun – Herrscher in Fische – mit seiner trügerischen Kraft bewerkstelligt. Der Mensch darf sich an gar nichts mehr klammern, an keine Stabilität, keine Größe der Vergangenheit. Die einzige Sicherheit, die er besitzt, ist, daß er keinerlei Sicherheit besitzt. Der Mensch muß lernen, unter dem Gesetz der wachsenden Tagkraft zu wirken und nicht mit der Wimper zu zucken, wenn die von der Nachtkraft errichteten Gebäude um ihn herum zusammenstürzen.

Im gegenüberliegenden Jungfrau-Zeichen sieht sich der Einzelmensch, der noch in Löwe die Energien seiner Personalität freisetzte, mit den Ergebnissen dieser Freisetzungen konfrontiert. Seine Nachkommen sind zu versorgen. Seine schöpferischen Leistungen mögen sich als fehlerhaft erweisen, unzulänglich sein. Seine Gesundheit mag Schaden erlitten haben durch exzessiv ausgelebte Leidenschaften. Auch mag er sein Erbvermögen vergeudet haben in nutzlosen Spekulationen. In Jungfrau steht der Mensch vor der Notwendigkeit, seine emotionale Haltung umzupolen und die Techniken seines Verhaltens zu verbessern. Was er braucht, sind Selbstkritik, Überlegung, Hygiene, dazu einen Meister seiner Technik, bei nach, so wird er eine neue Perspektive für seine menschlichen Beziehungen gewinnen: er lernt zu dienen, sich in Geduld zu fassen, zuzuhören, zu meditieren und die Grundimpulse seiner eigenen Personalität kritisch zu betrachten. Lernt er dies alles aber nicht gutwillig, so kann eine Krankheit oder ein sonstiger Zwang ihn soweit bringen, daß er sich der richtigen Form für menschliche Beziehungen öffnet und – in Waage – zu einem sozialen Wesen wird.

In Fische nun hat sich der Wind des Schicksals zum gegenüberliegenden Punkt des Kompasses gedreht. Jetzt ist es der soziale Mensch, der lernen muß, auf eine bequeme oder auch tragische Verwurzelung in der Gesellschaft zu verzichten. Er muß es lernen, allein zu stehen, nur auf seine eigene Stimme zu hören. Er muß willens sein, Rechnungen abzuschließen, dem Unbekannten mit Zuversicht zu begegnen, zurückzukehren in den Mutterleib der Natur, die schönen Trugbilder der Wassermann-Zivilisation hinter sich zu lassen und sich zu gürten für das Leben in der Wildnis eines größeren Reiches, sich zu rüsten für eine Lange Reise in eine neue Welt. Er muß lernen zu verlernen und selbst seine alten Ideale und seinen Besitz aufzugeben. Er muß es den Mystikern gleichtun, muß die wundersame Sphäre der Herrlichkeit Gottes hinter sich lassen und in der Dunkelheit des menschlichen Bewußtseins unverzagt suchen nach der Armut Gottes, nach jenem verborgenen Zustand, in dem nichts ist außer Stille, und aus dem doch alle Dinge, die Form und Namen haben, so leise, wie es das höchste Geheimnis ist, hervorgehen.

In Jungfrau muß die stolze Personalität sich in einen Lehrling zurückverwandeln und einem Herrn dienen. In Fische jedoch muß der soziale Mensch, der sich bisher darauf verlassen hat, daß im Verlauf von Jahrhunderten kulturellen Lebens entstandene Maschinerien und Formeln ihm seine täglichen Pflichten abnehmen, nun der Tatsache ins Gesicht sehen, daß sein Bündnis mit dem sozialen Fortschritt und dem intellektgeborenen Lernen ihn vor gar nichts schützt. Die Tatsache, daß man einem sozialen Ideal dient, hat in einer Lebenskrise nichts zu bedeuten. Gott zu dienen, dem zu dienen, was keine Revolution zu zerstören vermag und was doch die *raison d'être* jeder Revolution ist – das ist die Pflicht des Fische-Menschen.

Verwandlung, Überwindung, Zerstörung von Illusionen und falscher Sicherheit, Abschied von sozialen Bindungen, Aufbruch zum großen Abenteuer im Zustand höchsten Glaubens und nacktester Schlichtheit, all diese Dinge sind in Fische zu lernen. Hier erblickt der Mensch sich selbst, sieht jenes Größere Selbst, das er Gott nennt, von Angesicht zu Angesicht. Der Mensch kann sich dieser Konfrontation aber auch verweigern. Er kann sich verkriechen in schwülen und dekadenten Großstädten. Er kann mit anderen Flüchtlingen in aller Ewigkeit klagen an jenen Klagemauern, die sterbende Religionen und aufgeblasene Erlöser vorgesehen haben. Dann aber wird er untergepflügt und dient als Dünger bei der Frühjahrsbestellung.

Verzicht und Umwandlung setzen eine gewisse geistige Kritikfähigkeit voraus. Es ist der Geist, der in den den Tagundnachtgleichen vorausgehenden Zeichen (Jungfrau und Fische) dauernd Kritik übt, der die Verhärtungen und Torheiten der Vergangenheit beseitigt und die Bühne säubert für ein neues Leben und neue Erkenntnisse. Der Geist bestimmt, was zu vergessen oder fortzuschneiden ist, was regeneriert oder umgewandelt werden soll. In Fische müssen zu Fall gebracht werden: die sozialen

Trugschlüsse, der übertriebene Idealismus, die überspannten Ideen, die Revolutionsfetische, der wissenschaftliche Materialismus, und die unter dem Deckmantel der Zivilisation begangenen Greueltaten, welche alle die Wassermannperiode unsicher gemacht haben. Hier streift der Mensch seine sozialen Hüllen ab, steht nackt vor dem inneren Gott, das heißt, vor dem Christos – seiner zukünftigen Schicksalsbürde. Es muß aber noch mehr fallen als die *sozialen* Hüllen, denn diese sozialen Faktoren verkehren sich jetzt mit dem Dahinschwinden der Nachtkraft nicht nur ins Negative, sondern auch ins *Subjektive*: dem sozialen Menchen wachsen übersinnliche Vorstellungen zu. Soziale Träume verwandeln sich in Phantasmen, soziale Frustrationen in unterbewußte Komplexe.

In seinen negativen und subjektiven Aspekten steht Fische für das Unterbewußtsein (Freud) bzw. das persönliche Unbewußte (Jung). Das persönliche Unbewußte ist das Endprodukt aller fehlgeschlagenen Versuche des Individuums, sich seiner Umwelt erfolgreich anzupassen – angefangen bei der Familie bis hin zur organisierten Gesellschaft, von Krebs bis Steinbock. Die Inhalte des persönlichen Unbewußten sind negativ, da sie von einem subjektiven Defätismus erzeugt werden, der zu Selbstmitleid führt und jene zahlreichen Ängste nährt, aus denen die *umgekehrte psychische Energie* besteht. Komplexe sind verhärtete Ängste. In ihnen stockt die Energie, bildet sozusagen Knoten und zirkuliert nicht mehr. Die Kraftsubstanz der Psyche verzerrt sich oder verkehrt sich langsam ins Destruktive. Ein Komplex ist zu Zeiten wie ein Konkav- oder Konvexspiegel, der die Bilder des Lebens verzerrt, ist psychischer Astigmatismus. Ein Komplex kann sich auch ins Rachsüchtige oder Krebshafte verwandeln und einen Wildwuchs zeitigen, der die psychomentale Substanz des Bewußtseins aufzehrt und Schizophrenie oder die verschiedensten Manien erzeugt.

In Fische muß man sich solchen Komplexen stellen. Die Konfrontation kann bestanden werden mit Verständnis, geleiteter Selbstbeobachtung (Psychoanalyse unter Leitung eines ausgebildeten Analytikers), mit den vielen Techniken, die orientalische *Gurus* ersonnen haben. Doch in sehr vielen Fällen können individuelle Anstrengungen nicht genug ausrichten, sondern es muß ein *kollektives* Erwachen dazutreten, z. B. durch eine erwachende religiöse Leidenschaft. Das ist deshalb notwendig, weil die aufzulösenden Verhärtungen weniger dem Einzelmenschen allein anzulasten sind, als vielmehr törichten familiären, religiösen oder sonst gesellschaftlichen Traditionen, die Verkümmerungen verursachen und von Geburt an vor einem Kind ganze Berge mit geradezu grotesken Hindernissen aufhäufen – von denen nur einige wenige unvermeidlich und überwiegend konstruktiv sind – und die den spontanen, natürlichen Energiestrom des Kindes hemmen.

Wie geschrieben steht, sollen die Sünden der Väter die Kinder heimsuchen bis ins siebente Glied. So haben auch unsere modernen Neurosen ihre Wurzeln in der Viktorianischen Ära, während der sich wiederum die Enge und die Torheiten offenbarten, mit denen unsere europäische Christenheit seit Jahrhunderten belastet war. Nur die aristokratiche Gesellschaftsordnung verhinderte, daß alle Männer, Frauen und Kinder mit verseucht wurden. Nach Zusammenbrechen dieser Gesellschaftsordnung sorgte dann das bürgerliche Zeitalter mit seiner individualistischen Ausrichtung dafür, daß alle Ungeheuer des Unterbewußtseins entfesselt wurden – in ihrer Wirkung verschärft durch die losgelassenen Kräfte der Technik. Daher stammen also unsere vielen Komplexe und Manien, genauso wie das frühe Mittelalter – das das Erbe des keltischen und des römischen Weltreiches antrat – seine *Sukkuben* und *Inkuben*, seine Dämonen und Hexen hatte.

Der Mensch muß sich nicht nur seinem persönlichen Unbewußten, sondern auch dem kollektiven Unbewußten seines eigenen Volkes, seiner eigenen Kultur stellen.

In Widder geboren worden zu sein, bedeutet, jenes trügerische, dunkle Reich der völkischen Erinnerungen durchmessen zu haben, das der Okkultist Astralwelt oder Unteres Astrallicht nennt. Wiedergeburt in Widder bedeutet für die gereifte Personalität, herausgefordert worden zu sein vom Wächter der Schwelle – dessen Schrekken Bulwer Lytton in seinem berühmten Roman *Zanoni* geschildert hat – und bei dieser Begegnung gewonnen zu haben. In positivem Sinne bedeutet jede Geburt eine Assimilierung des mütterlichen Blutes. Die Zukunft baut sich immer auf aus der Substanz der Vergangenheit. Diese Vergangenheit, diese urewige Mutter, ist Maria. Etymologisch bedeutet Maria »das Meer«, aus dem immer alles Leben entspringt, ob nun für eine Geburt oder eine Wiedergeburt.

Alles, was vom Leben produziert wird, taucht aus dem »Meer« auf. Das »Meer« aber ist Fische, beherrscht von Neptun. Der Dreizack Neptuns besitzt drei Zinken – die Tierkreis-Hieroglyphe für Fische besteht ebenfalls aus drei Linien. Aus diesem Grunde spricht das symbolträchtie Evangelium von drei Marien: von Maria, der Mutter, Maria, der Liebenden, und Maria, der Dienenden: – Geburt, Wiedergeburt, und alltägliches Leben in gottgeweihter Aktivität. In Fische muß das Individuum durch das Ewigweibliche gehen. Dies ist das ewige Verpuppungsstadium, das gleichsam gar nichts ist und doch alle Möglichkeiten einer Erneuerung in sich trägt. Es ist das Reich der Umwandlung und des übersinnlichen Glanzes, die Welt der Verzückung und des ewigen Nebels, des Offenstehens Gott gegenüber, und des Dienens als Medium für die Phantasmen einer zerfallenden Vergangenheit – ist die Welt des Märtyrer-Opfers und zugleich die der schaurigen Inquisitionen, die unter der Maske religiösen Wirkens sadistischen Frustrationen frönten.

Fische darf nicht nur angesehen werden als das Zeichen des Offenstehens für Soziales oder Mystisches, mit einem Unterton von Passivität. In seinen Meerestiefen herrschen Sturm und Gewalt. Zertrennt wird mit dem Schwert. Der Fanatismus ist erbarmungslos, und der Mönch, der sich in die Einsamkeit zurückzieht, in der er, völlig allein, seine gesamte eigene Vergangenheit und die Erinnerungen aller Völker der Erde am besten überdenken kann, unterzieht sich damit auch einer Prüfung seines Mutes und seiner Leibeskraft. So ist auch der Charakter vieler Generäle und Helden vom Tierkreiszeichen Fische geprägt. Sie wußten stillzuhalten und ihre Kräfte zu entfalten, sie konnten sich selbst und anderen gegenüber rücksichtslos sein. Fische heißt Aufstand aus der Tiefe. Nichts kann verheerender sein als eine Flutwelle oder der meergeborene Hurrikan.

Fische hat immer etwas Endgültiges und zugleich Erwartendes. Auch Sanftmut hat geheimnisvolle Untertöne. In jedem Winkel des Wesens verbergen sich Überleitungen. Oft soll mit persönlicher Unnahbarkeit und distanzierter Vornehmheit ausgedrückt werden, daß bestimmte Probleme zu hoch oder zu klar sind, als daß die Personalität von ihnen berührt werden könnte. Eine immerwährende Unruhe scheint vom Fischemenschen Besitz ergriffen zu haben, die ihm alles Festgegründete als zeitgebunden oder nutzlos vorkommen läßt. Wenn in einer Personalität eine solche Stimmung die Oberhand gewinnt, wird durch eine verhängnisvolle Introversion das Bewußtsein allmählich von lebendigen Inhalten entleert. Der Mensch erwählt für sich die Schattenwelt des Unbewußten, lebt vielleicht wie der römische Stoiker in hoheitsvoller Unnahbarkeit, während seine Welt zerstört wird, übersetzt vielleicht wie ein Träumer seine Erinnerungen in Phantasien, oder, wenn er sich vor übersinnlichen Phantasien fürchtet, erfindet er starre intellektuelle Systeme oder nutzlose algebraische Formeln, um seine Hohlheit hinter eleganten Arabesken zu verbergen.

Der höchste und geistigste Aspekt der Fische offenbart sich als reines Erbarmen. Hier finden wir die große Persönlichkeit mit einem Wesen von überfließender Fülle, das die Gesamtsumme der Erfahrungen seines Volkes in sich aufgenommen hat. In dieser Fülle spiegelt sich die in ihrer vollen Bedeutung gewürdigte Gesellschaft wider. Und da der Fischemensch nicht weitergehen kann – es sei denn, er steigt auf ins transzendente und formlose *Nirwana*, – steht er vor der großen Wahl, sich für einsames Glück oder für Erbarmen zu entscheiden. Ersteres ist das Ziel bei geistiger Selbstsucht, das gesucht wird in dem Zustand der Täuschung, es gäbe eine individuelle Erlösung. Wer aber das Erbarmen wählt, hat begriffen, daß es in Wahrheit und Wirklichkeit keine individuelle Erlösung geben kann. Niemand vermag zu einer lebensvollen und bedeutsamen Wirklichkeit aufzusteigen, wenn er nicht die Vergangenheit, aus der er aufgestiegen ist, mitnimmt. Das Individuum kann nur an jenem Tage Erlösung finden, an dem die Menschheit insgesamt Vollkommenheit erlangt haben wird. Isolationismus ist die einzige Sünde, die das Leben nicht vergeben kann. Derjenige, der die Leitersprossen, auf denen er zum Gipfel stieg, aus Bequemlichkeit vergißt, hinterläßt im Leben eine Spur, die nichts und niemand außer ihm selbst auszulöschen vermag.

Erbarmen ist das absolute Gesetz in einem Universum, in dem Ordnung und Harmonie herrschen. Erbarmen ist das Herz der Wirklichkeit, weil die Wirklichkeit auf der Erfahrung der *organischen Ganzheit* beruht. Und wer wahrhaft alle Dinge als organische Einheiten erlebt, kommt nicht umhin, sich selbst als Teil eines größeren Ganzen zu verstehen, auch wenn er als Einzelmensch selbst noch so vollständige Ganzheit erlangt haben mag. In Fische begegnet also der Botschafter der Weißen Stadt jenen Menschen, die zu lehren und mit der Frohen Botschaft vom Neuen Leben zu durchtränken sein Schicksal ist. Würde er zurückschrecken in Bestürzung über die Verderbnis und den Materialismus, die eine zerfallende Zivilisation ihm bieten, dann hätte er seine wahre Bestimmung verfehlt.

Fische bürdet dem Menschen auf, niemals zurückzuschrecken unter dem Vorwand der eigenen Reinheit und Vorzüglichkeit, so niedrig und gemein die Umstände auch seien, sondern die Niederungen des Allgemeinmenschlichen unverdrossen zu durchwandern, die Arme und die Seele beladen mit der Herrlichkeit jener Berge, von denen das Heil kommt. Die Zedern des Libanon sollen willig fallen, auf daß den Heimatlosen ein Haus errichtet werde, auf daß Schiffe segeln mögen zu fruchtbaren Ländern, und im Tempel Salomonis, unter den Menschen, Gott selbst Wohnung nehme.

In Fische wird es möglich sein, die jenseitige, ferne Weiße Stadt in Wirklichkeit und voller Tragweite unter Menschen aufzubauen. Damit schließt sich der Kreis, in dessen vitaler Tiefe beginnendes Leben schlummert. Tagkraft und Nachtkraft sind zu einem Punkt der Ausgewogenheit zurückgekehrt. Aber nicht das Individuum, wie an der Schwelle der Waage, nein, die ganze Menschheit als organische Einheit wird jetzt initiiert. Die letzte Segnung des sich schließenden Kreises, die Verheißung aller zyklischen Höhepunkte lautet, daß der ewige Dualismus des sich unaufhörlich verändernden Lebens integriert werden könne in organischen Ganzheiten, die immer größere Weiten umfassen, und zwar durch Personalitäten mit schöpferischem, stets wachsendem Erbarmen und einer sich stets vertiefenden Integrität, und daß Tag und Nacht zu verstehen seien als zwei sich ergänzende Lebens- und Bewußtseinspole, – daß dies alles vom Menschen zu erkennen sei in einem Augenblick der Erleuchtung, der so licht ist und so reich an universalen Inhalten, daß er ihm wie ein Freudenfeuer den Weg zu immer weiteren Lebensräumen erhellt. Das ist die Verheißung einer ewigen Wiedergeburt, die nichts unerfüllt läßt und niemanden ausschließt, – ist die Verheißung der ewigwährenden zeitlosen Gegenwart Gottes für denjenigen Menschen, der die völlige Integration aller Dinge und Ereignisse, die ihn seinen letztendlichen Höhepunkt erreichen ließen, willkommen heißt, und in dem sich eine Synthese aus Vergangenheit und Zukunft vollzieht während glanzvoller Augenblicke, in denen das Ewige Jetzt zur Gegenwart gerinnt.

Drittes Kapitel

Die Ausgießung des schöpferischen Geistes

Ein und aus, so pumpt das Herz der Wirklichkeit sein Blut. Hin und her, so weben Tagkraft und Nachtkraft in rhythmischem Zusammenspiel am Gewebe ihres organischen Miteinanders. Und auch der Mensch besteht nicht nur aus Zusammenziehung oder nur aus Ausdehnung, nicht nur aus Tagewerk oder nur aus nächtlichem Traumleben – nein, auch der Mensch ist ein Schlachtfeld für zwei sich unaufhörlich bekämpfende Energieströme, die in unaufhörlichem Wechsel einmal siegen und einmal besiegt werden. Anders ausgedrückt: der Mensch ist ein integriertes, kreatives Ganzes, in welchem die beiden Pole menschlichen Erlebens immer dann, wenn sie in dynamischer Harmonie einander die Waage halten, die Ganzheit jenes Ganzen, das sie walten läßt, neu erstehen lassen.

Im ersten Zustand wirkt der Mensch als *Naturwesen*. Leben und Erleben schwanken ständig hin und her zwischen Bewußtheit und Unbewußtheit, zwischen dem Individuellen und dem Kollektiven, Leben und Tod, Wieder-Geborenwerden und Wieder-Sterben. Im zweiten Zustand ist der Mensch ein *Geistwesen*, eine Äußerung des Schicksals, jedoch in tiefer Stille wurzelnd. Er schwebt in einer Harmonie, die aus Gegensätzen besteht und die diese Gegensätze umwandelt und alle ihre Manifestationen mit umfaßt.

Mit dem Begriff Naturwesen zielen wir auf eine Personalität, die in einem Zustand überwiegend unbewußter Aktivität auf der Instinktebene wirkt, – aber auch auf einen Menschen mit großen intellektuellen Gaben, der es sich selbst hoch anrechnet, daß er sich nach bewußt akzeptierten rationalen und ethischen Richtlinien verhält. Tatsächlich muß in beiden Fällen der Mensch als Naturwesen gelten, da er sich der Polarität von Negativ und Positiv, von *Plus* und *Minus* unterwirft – wobei seine Stimmungen und Gefühle, seine Gedanken und Interessen dem rhythmischen Zusammenspiel der beiden großen Naturkräfte folgend zu- oder abnehmen, hin- oder hergezogen werden.

Beim Instinktmenschen ist der Lebensrhythmus eng verbunden mit dem Rhythmus der Naturerscheinungen, der Mensch lebt im Einklang mit den Jahreszeiten. Ist er aber eine vorwiegend zivilisierte, intellektuell bewußte Person, so wird bei ihm der Grundrhythmus der Erdennatur übertönt von seinem eigenen Gegenrhythmus, der sich aus sozialen Verhaltensnormen, den Anforderungen des Stadtlebens, und aus den bewußten oder unbewußten Reaktionen auf jene Antriebe zusammensetzt, die seinen physischen und psychischen Organismus beherrschen. Bei einem solchen Leben im Gegensatz zum Rhythmus der Natur steht der Mensch aber immer noch unter der Oberherrschaft dieses Rhythmus, denn der Mensch ist durch Gesetze, gegen die er rebelliert, genauso gebunden wie durch Gesetze, denen er sich unterwirft.

Auch der Versuch des Menschen, die großen kosmischen Kräfte nach seinem Willen zu lenken und Gesetze für ihre Manifestationen festzustellen, ist letzten Endes eine Unterwerfung unter jene Kräfte, die der Mensch eigentlich zähmen und kanalisieren wollte. Energien, die der Mensch anscheinend in einer bestimmten Richtung und zu einer gewissen Zeit beherrscht, werden zu anderer Zeit und aus anderer Richtung mit verstärkter Kraft zurückschlagen. Und wenn ein Mensch bewußt beschlösse, sich in ein Gedicht aus reinstem Licht zu verwandeln, würde er damit nur Kräfte aus der entgegengesetzten Richtung entfesseln, die sich um eine Manifestation von ebenso »reiner« Dunkelheit scharen. Auf solche

Weise wird Dualismus nur intensiviert, nicht aber gelöst! Intensivierung kann eine notwendige Phase des globalen Strebens nach geistigem Leben sein – denn es wurde ja gesagt, daß, wer lau sei, im niedrigsten Seinszustand verharre – doch ist der Zustand eines Geistwesens nicht zu erreichen durch äußerste Überbewertung nur eines Lebenspoles. Diesen Zustand erreicht der Mensch auch nicht, wenn er die Eigenschaften nur einer einzigen Kraft triumphieren läßt, nachdem er diese Eigenschaften mit der Note »gut« belegt hat.

Ein Mensch, der geistig wirken will, muß – das ist die erste Bedingung – alle Manifestationen der Tagkraft und der Nachtkraft, alle individuellen und kollektiven Polaritäten des Lebens bewußt und verstehend akzeptieren und einbeziehen. Tut er das konsequent, so folgt daraus genauso konsequent, daß zu einem Zeitpunkt seines Lebenszyklus die beiden gegnerischen Kräfte bei ihrem periodischen Anwachsen und Schwinden einen Zustand des Gleichgewichts erreichen. Zu diesem Zeitpunkt wird der bis dahin von nur einer, augenblicklich dominierenden Kraft polarisierte Mensch spüren, daß beide Kräfte ihn gleichzeitig beherrschen, und daß ihre gegeneinander gerichteten Zugkräfte einander neutralisieren. Der Mensch als Ganzes verstummt. In diesem unfaßbar kurzen Augenblick der Stille und des Schweigens kann das Ganze seine Ganzheit ausdrücken, ohne von den Eigenschaften nur der einen oder nur der anderen in ihm spielenden Kraft beherrscht zu werden. In diesem Augenblick offenbart sich die Ganzheit all dessen, was während des gesamten Zyklus geschieht, in einer Synthese des Seins, die jene Werte umwandelt, die durch die ewig wechselnde und ewig herausgeforderte Vorherrschaft entweder der Tagkraft oder der Nachtkraft entstehen. Die Natur ist aus ihren Angeln gehoben, der Geist offenbart sich.

Geist bedeutet Ganzheit der zyklischen Aktivität. Diese Ganzheit ist objektiv und ausgeglichen, weil sie die komplementären Energien in ausgewogenem Zustand enthält. Dieser ausgewogene Zustand herrscht im Jahreszyklus der Tag- und der Nachtkraft zu den Tagundnachtgleichen. Deshalb sind diese beiden Punkte des Jahreszyklus die *archetypischen Symbole jener Momente eines Lebenszyklus, in denen Geist sich offenbaren kann.*

In jedem Lebenszyklus – und sei er noch so gering oder noch so groß – sind diese beiden Punkte der Tagundnachtgleichen Initiationstore, durch die der Mensch in das Reich eines geistig bestimmten Seins gelangt. Dieses Reich betritt der Mensch entweder von der Seite der Vereinzelung bewirkenden Tagkraft oder von der Seite der allumfassenden Nachtkraft. Zur Frühjahrs-Tagundnachtgleiche verbleibt dieses Erfahren des Geistes im allgemeinen nicht im Bewußtsein des Menschen, weil seine Personalitätsstruktur, die allein dieses Erfahren in sich festhalten könnte, sich noch nicht gebildet hat. Zur Herbst-Tagundnachtgleiche dagegen tut die individuelle Personalität den Initiationsschritt und liefert sich damit bewußt der Nachtkraft aus. Als Kompensation für ihre Kapitulation wird ihr eine konstruktive Erinnerung an diesen Augenblick geschenkt. So gewinnt der Mensch persönliche Unsterblichkeit im Geiste und vermag hinfort als Geistwesen zu wirken.

Erste Vorbedingung für das Bestehen dieser äquinoktialen Konfrontation ist es, *den zyklischen Charakter allen Erlebens zu begreifen.* Kein Erlebnis kann einen geistigen Sinn haben, wenn es nicht in Zusammenhang gebracht wird mit der Ganzheit des Zyklus, in dem es geschieht. Der Zusammenhang kann instinktiv oder durch Intuition, kann unter oder über der Ebene des normalen Bewußtseins hergestellt werden. Da aber alles Erleben im Reich der Veränderung, also in der Zeit beginnt, bringt die Vergeistigung des Erlebens es mit sich, daß der gesamte Zyklus, zu dem das Erleben seinem Wesen nach gehört, in diesem einen Erleben mit eingeschlossen und empfunden werden muß. Die Ganzheit des Zyklus muß dem Erlebenden vorschweben während des äquinoktialen Erlebens, das zu einem Brennpunkt für die Ganzheit des Gesamtzyklus werden kann.

Da an den Äquinoktialpunkten eines jeden Zyklus die beiden Kräfte, aus deren Zusammenspiel der Zyklus besteht, ausgewogen und neutralisiert sind, kann im Augenblick der Tagundnachtgleiche die Ganzheit des Gesamtzyklus aktiv werden. Diese Aktivität unterscheidet sich dem Wesen nach von einer Aktivität aufgrund eines Überwiegens der Tagkraft oder der Nachtkraft, des Individuellen oder des Kollektiven. Es ist geistgeborene Aktivität: schöpferische Aktivität. Die schöpferische Kraft des Geistes sendet aus dem Mittelpunkt des Gleichgewichts beider Kräfte starke Strahlen. Diese Strahlkraft schafft alle Dinge neu. Sie ist schiere Originalität, ist das unberechenbare Element, das jene Voraussagen über den Haufen wirft, welche auf der Sequenz von Ursache und Wirkung beruhen. Dieses Element gebiert Handlungen, die weder kausal noch temporal einzuordnen sind – auch wenn sie in einem ganz bestimmten Augenblick des Zyklus ausgelöst werden. Diese Handlungen *erschaffen Zeit neu und beginnen mit neuen Kausalketten,* weil es freie Handlungen sind.

Das oben Ausgeführte ist nichts Geringeres als eine Technik, um sich mit dem Zeittakt vertraut zu machen, in dem sich der schöpferische Geist manifestiert, und auch, um sich bewußt vorzubereiten auf jene Augenblicke des Gleichgewichts, während derer der Mensch *möglicherweise* als reines Geistwesen zu handeln vermag. Möglicherweise – nicht gewiß. Gemäß dem Gesetz für zyklische und polare Veränderungen gibt es diese Augenblicke des dynamischen, aber unstabilen Gleichgewichts. Doch dauern sie nicht an. Und wenn der Mensch in diesen Augenblicken nicht wach und bewußt ist, kann er auch nicht geistig-bestimmt handeln. Das Tor öffnet sich zwar, wenn der Mensch aber mit geschlossenen Augen am geöffneten Tor vorbeiwandelt, kann er *nicht sehen*, was sich ihm im Tor bietet. Die Vorbedingung für dieses Erleben ist also, daß der mehr oder weniger individualistische Erdenpilger ein waches Bewußtsein habe, gleich, wie dies Bewußtsein beschaffen ist.

Der Geist wirkt, gleich, ob ein Bewußtsein vorhanden ist oder nicht. Wenn die Personalitätsstruktur eines Menschen noch ungeformt ist und er Geist nicht bewußt erleben kann, verlegt der Geist sein Wirken in die Dunkelheit des menschlichen Wurzelbereiches, in das die Sonne nicht zu scheinen vermag. Dann wirkt der Geist durch die Instinkte, drückt sich auf direktem, jedoch unbewußtem Wege aus – symbolisch ausgedrückt, in der Frühlings-Tagundnachtgleiche (Widder). Wenn aber (während der symbolisch durch das halbe Jahr von Widder bis zum Ende von Jungfrau ausgedrückten Zeit) eine Personalität Form und Bewußtsein gewonnen hat, wird sich die schöpferische Aktivität des Geistes im aufnahmebereiten Gesamtorganismus des Menschen auch bewußt verwirklichen. Der Geist wird Sinn auslösen, wirkt – symbolisch gesprochen – als zur herbstlichen Tagundnachtgleiche (Waage) ausgesäte Saat.

Wie es den Mystikern aller Völker und Zeiten bekannt ist, besteht die höhere Aufgabe der Astrologie darin, der sich entwickelnden Personalität die Saat-Augenblicke für ihr zyklisches Erleben zu offenbaren: die äquinoktialen Augenblicke, in denen der Geist in der menschlichen Seele in Form neuer kosmischer Impulse oder schöpferischer Ziele wirken kann. Solche Augenblicke können sich auf verschiedene Weise offenbaren. Allgemeinmenschlich gesprochen, sind es die Wendepunkte der Jahreszeiten, wenn die Sonne tatsächlich konkret die Schwelle zu Widder oder zu Waage kreuzt. Zu diesen Zeitpunkten wird die gesamte – irdische und menschliche – Schöpfung vom schöpferischen Geist heimgesucht. Es sind Tage der maximalen Möglichkeiten für Geburten und für Wiedergeburten, für emotionales Ausstrahlen und für Selbstaufopferung innerhalb einer Gemeinschaft. Es sind Tage zum Bilden oder Verändern von Formen unseres menschlichen Erlebens. Diese Freisetzungen des Geistes wurden in früheren Zivilisationen mit Riten gefeiert, bei denen noch der Pulsschlag der Jahreszeiten zu spüren war.

Es gibt jedoch noch andere astrologische Zyklen, die uns das Vorhandensein von Augenblicken der Ausgießung des Geistes anzeigen. Diese Zyklen bestehen aus den periodischen Bewegungen zweier Himmelskörper, bezogen auf einen Beobachter auf unserer Erde. Der wichtigste Zyklus ist der des Mondes mit seinem regelmäßigen Wechsel von Neumond und Vollmond. Dieser Zyklus besteht aus zwei Faktoren – Sonne und Mond – die wir bei ihrem sich laufend verschiebenden periodischen Zusammenspiel beobachten, mit vier Hauptmomenten als Höhepunkte in Form der vier Mondphasen.

Bei diesem Zyklus zählt der *Intensitätsgrad der Beziehung* der beiden sich bewegenden Himmelskörper. Diese – vom Beobachter auf der Erde gesehene – Beziehung wirkt am stärksten bei Neumond und Vollmond, am geringsten jeweils im ersten und letzten Viertel. Kurz gesagt, der Neumond (exakte *Konjunktion*) entspricht dem Frühlingspunkt, während der Vollmond (exakte *Opposition*) dem Herbstpunkt entspricht. Die beiden Äquinoktien des Jahresverlaufes sind *für den Menschen* die Augenblicke, in denen Tagkraft und Nachtkraft *am dichtesten beieinander stehen.* So bezeichnet also der Neumond einen Augenblick, in dem schöpferischer Geist ausgelöst wird als Instinkt oder Formen aufbauende Energie. Bei Vollmond dagegen kann der Mensch ein Maximum an Erkenntnis über den Sinn von Lebenserfahrungen gewinnen. Daher ist diese Zeit dem meditierenden Buddha geweiht.

Ein die Bewegungen zweier Planeten zueinander auf sich beziehender Beobachter auf der Erde wird eine dem Mondzyklus ähnliche Abfolge finden. Die vier Höhepunkte bzw. kritischen Zeiten dieser Kreisläufe sind: Konjunktion, Opposition, zwei Quadrataspekte. Wieder ist die Konjunktion der Anfangs- oder Wurzelpunkt, bei dem ein neuer zyklischer Impuls ausgelöst wird, und die Opposition ist der Saatpunkt, bei dem der Sinn des zyklischen Zusammenspiels der Planeten vom Bewußtsein eines Menschen erkannt werden kann, der sich *aktiv darauf vorbereitet hat, die Erleuchtung durch den Geist zu empfangen*.

Besonders bedeutsam sind die Beziehungen der Bewegungsabläufe zweier Planeten, wenn die beiden zusammen beobachteten Planeten gegnerische Pole bilden. Solche gegnerischen Paare sind: Mars (positiv) und Venus (negativ) – Jupiter und Merkur – Saturn und Mond – und in gewissem Sinne auch Uranus und die Sonne. Wenn also Mars und Venus am Himmel eine Opposition bilden, sollte der Mensch danach streben, seine emotionale, personale Natur zu ergründen. Steht der Mond in Opposition zu Saturn, was jeden Monat einmal eintritt, so ist dieser Augenblick günstig dafür, bewußt nach Befreiung vom *Karma* (von der Kausalkette) vergangener Ereignisse zu streben. In Zeiten von Konjunktionen sollte sich der gesamte menschliche Organismus auf den Empfang eines frischen Aktivitätsimpulses vorbereiten. So ist z. B. eine Konjunktion von Jupiter und Merkur von großer Bedeutung, wenn es gilt, eine neue Grundlage für geistige Aktivität zu schaffen.

Diese Zyklen wirken im Leben aller Menschen. Daneben wären noch persönliche Zyklen zu analysieren, bei denen die progressiven Positionen der Planeten eines Geburtshoroskopes zugrunde liegen. Diese Zyklen haben die gleiche Bedeutung, jedoch nur für den allerpersönlichsten Bereich. Zum Beispiel zeigen die Oppositionen des progressiven Mondes zum progressiven (oder Radix-) Saturn sehr bedeutsame Zeiten an im Leben eines Menschen, in denen er aus dem Teufelskreis bestimmter Zwänge heraustreten kann. Von geringerer Aussagekraft sind die Zyklen anderer möglicher Planetenpaar-Kombinationen; doch in jeder periodischen Schwingung, in jedem Rhythmus, wo auch das Leben pulsieren mag, gibt es – im Rahmen dieser zyklischen Veränderungen mit positiven und negativen Akzenten – Momente eines instabilen Gleichgewichts zwischen Negativ und Positiv. Es sind dies die Augenblicke für die Auslösung eines Wertes, der das immerwährende Zusammenspiel gegnerischer Kräfte, der die ewige Herrschaft von Zeit und Veränderung außer Kraft setzt.

Eine solche Außerkraftsetzung wird aber nicht allumfassend sein. Wir wollen hier nicht das Reich eines zeitlosen Geistes verkünden, der von zyklischen Veränderungen gänzlich frei wäre. Geist ist in dem Sinne transzendent, daß die Qualität der Ganzheit verwandelnd wirkt auf den Charakter der Teile des Ganzen. Bei zyklischen Veränderungen sind es nur Teile, die sich verändern. In einer anderen – von uns so bezeichneten – Dimension des Seins bleibt die Ganzheit des Ganzen konstant. Nur im Reich der Teile spielt sich das zyklische Gegeneinander des Individuellen und des Kollektiven ab.

Die Veränderung geschieht *innerhalb* des Ganzen. Zu bestimmten Zeiten zieht die Kraft der Individualisierung bzw. der Personifizierung jedes Teil von den anderen Teilen weg, möchte ihm den Charakter eines Ganzen verleihen, den zu erwerben es aber niemals ganz in der Lage ist. Zu anderen Zeiten zieht die Kraft der Kollektivierung bzw. der Gruppenintegration alle Teile zusammen und steigert in jedem Teil das Gefühl der Gemeinsamkeit des Seins und den Willen, die eigene Existenz für die Sache des Ganzen zu opfern. Doch in jedem Zyklus – so gering er auch sei – gibt es Augenblicke, in denen die beiden Zugkräfte gleich stark sind.

In den meisten Fällen geschieht nichts zur Zeit dieses Ausgleichs, da das erreichte Gleichgewicht nur den Bruchteil einer Sekunde anhält, und die Schwerkraft beide Kräfte wieder hinausträgt über den Gleichgewichtspunkt. Doch gibt es Fälle, in denen vorher ein *Bewußtseinsraum* geschaffen wurde, in dem der im Augenblick des Gleichgewichts ausgelöste Funke eingefangen werden kann. In diesem Funken wirkt die Ganzheit des Ganzen auf jenes Teil, das den Bewußtseinsraum vorbereitet hatte. Dieser Raum ist notwendig als Ausgangsstelle für das Wirken der Ganzheit des Ganzen. Dieses Wirken wiederum ist aktivierter Geist: der schöpferische Faktor.

Im Reich der Teile wirken das *Individuelle* und das *Kollektive* in ständigem zyklischem Zusammenspiel; dieses Zusammenwirken erzeugt eine Aktivität von unausweichlichem und zwanghaftem Charakter, die ein Produkt der Kausalkette von Aktion und Reaktion ist. Jene Aktivität jedoch, bei der die Ganzheit des Ganzen als *schöpferischer* Geist wirkt, ist beherrscht vom Unvorhersagbaren, Originalen, ihr entströmt der Atem der Freiheit.

Diese schöpferische Aktivität des Geistes wirkt in jedem Menschen, der jenen Raum erbaut hat, in dem der Geist zu wirken vermag. Er wirkt zwar in einer bestimmten Person und durch sie, doch gehört er nicht zur Person. Seine Quelle ist die Ganzheit jenes Ganzen, in dem menschliche Organismen leben und ihr Wesen haben. Dieses Ganze ist in erster Linie die Menschheit. Jeder Mensch bewegt sich innerhalb der Sphäre der Menschheit, erstens als eines ihrer Exemplare mit allen generischen und kollektiven Zügen eines Menschen, und zweitens als ein sich zu einer individuellen Personalität durchkämpfendes menschliches Wesen. Die komplementären Gezeiten des Individualismus und des Kollektivismus beherrschen ewig die Myriaden von Menschen, die mit ihrem Wurzel-Ursprung und ihrem Saat-Beieinander das Größere Ganze, die Menschheit, bilden. Der Mensch ist die Ganzheit dieses Ganzen.

Wo das Leben auch pulsieren mag, immer ist es verbunden mit Ungleichgewicht, Konflikten, Anstrengungen und der Erfahrung von Leid. Ein Mensch jedoch, der sich durch eigene Anstrengung seine Personalität erworben hat, der den zyklischen Rhythmus versteht, wird zum Träger des schöpferischen Handelns des Menschen an sich. Weil er die Momente des zyklischen Gleichgewichts erfolgreich wahrgenommen hat, wach und bereit war, als das äquinoktiale Tor offenstand, kann er sich mit dem Menschen an sich identifizieren.

So wie es Zyklen gibt, die Jahrmillionen zu ihrer Vollendung brauchen, so existieren auch Zyklen, die nur Sekunden oder noch viel weniger als eine Sekunde unserer Zeit dazu brauchen. Ein Mensch, der den Rhythmus solcher unendlich geringen Zyklen zu erfühlen vermag, erlebt immer und ewig Äquinoktien. In ihm und durch ihn wird Geist ausgegossen, der wie ein elektrischer Wechselstrom fließt, Wurzel und Same zugleich ist, und beides so blitzgleich gleichzeitig, daß Zeit nicht existiert. Ein solcher Mensch beherbergt beide Äquinoktien, trägt den ganzen Tierkreis in sich, ist frei. Die Ganzheit des Ganzen wirkt durch ihn, unablässig, in einem immerwährenden Akt der Menschwerdung.

HEYNE BÜCHER

Esoterische Astrologie

Der Mensch im Spannungsfeld kosmischer Kräfte

Dane Rudhyar
Die zwölf kosmischen Gaben
Esoterische Astrologie: Wie wir die Geschenke des Kosmos erkennen
08/9561

Die zwölf kosmischen Prüfungen
Esoterische Astrologie: Die Herausforderung des Schicksals
08/9570

Die zehn kosmischen Chancen
Esoterische Astrologie: Die Wege zur Erleuchtung
08/9587

Astrologie der Persönlichkeit
Ein neues Verständnis astrologischer Konzepte in bezug auf zeitgenössische Psychologie und Philosophie
08/9603

Erich Bauer
Der Tierkreis-Führer
Das Erlebnisprogramm der psychologischen Astrologie
08/9568

Stephen Arroyo
Astrologie und Partnerschaft
Karmische Verbindungen und ihre Bedeutung
08/9573

Ursula Fassbender
Intuitive Astrologie
Die lebendige Sprache des Horoskopes führt uns in die reiche Welt des Unbewußten
08/9600

Wilhelm Heyne Verlag
München